不動産 建築 お金

のプロが教える

中古住宅の本当にかしこい買い方

高橋正典・富田和嗣・後藤浩之 著

日本実業出版社

はじめに

住宅を購入するとき、不動産会社にすべてをお任せしてしまう人が多いのが現在の状況です。

しかし、不動産会社の営業マンが、建物の構造など建物自体に詳しいわけではありません。また、不動産会社に勧められた銀行でローンを組むケースもよく見られますが、実は、不動産会社の営業マンが住宅ローンの知識を豊富に持っているわけではないのです。

それなのに、不動産会社にすべてを任せてしまってよいのでしょうか。

この本は**「不動産」「建築」「ファイナンス」の専門家3人**が共同でまとめたものです。それは、不動産会社に不足している建物やファイナンスの知識をそれぞれが提供し、3人がチームを組むことで、住宅の購入にあたって購入資金から物件の検討、購入後のメンテナンスまで、トータルによりよいアドバイスを提供できると考えて活動しているからです。

住宅購入を考えている方に、3人の日々の活動を通して強く提案したいことは、「新築住宅だけではなく、中古住宅も購入の選択肢に入れてほしい」ということです。

初めて住宅を購入する場合、ほとんどの人が新築住宅を選びます。

また、「新築（の注文住宅）でなければ何もできない。既存の建物の構造には手を入れることは難しく、費用もかなりかかる」と考えている人もいます。

しかし、そんなことはありません。

実際には、たとえば中古の木造住宅でも、内外装ともに全面的にリニューアルすることは可能ですし、キッチンや浴槽の配置の変更などもできます。マンションでも間取りを変えることが可能です。そして、費用もさほどかからない場合が多いのです。

ところが、この事実をほとんどの方が知らないのです。中古住宅にも新築以上の潜在的価値を持つ物件があることや、リフォームするさいに工夫することで新築以上に魅力的に変更できることに気づいていないのです。

もしもこの事実に気づくことができれば、**より安く、より自分の希望にマッチした、価値のある住宅が買える可能性**があります。

そんな魅力的な中古住宅を購入するさいの選び方、チェックポイント、リフォーム・リノベーションのノウハウ、さらには「買った後の生活に必要なお金の話」まで紹介するために、この本を書くことにしました。

中古住宅・中古マンションを購入するメリット

よく、「新築住宅は買った瞬間に中古住宅になり、その価値もガクンと下がる」と言われます。しかも、新築住宅の価格は中古住宅よりも高価です。

買われる方の予算は決まっているわけですから、たとえば、年収や資金の関係から４０００万円の家が買えるとします。そのさい、新築にこだわると都心ならば当然、狭小な住宅を買うことになるはずです。

住宅ローンは35年など、長期にわたって組みます。しかし以前は、ほとんどの分譲住宅は30年はもたないと言われていました。

つまり、住宅ローンを払っている途中で家の価値がなくなる。あるいは、途中で建て替えようとしても、住宅ローンがまだ残っている。こうした事態が起こってきます。

昔は、それでも土地の価格が上昇し続けていたので、土地の含み益により建て替えが可能でした。そうした背景から、新築住宅を購入することへのリスクが低かったのです。

ところが、今後は地価の上昇は期待できず、住宅自体もどんどん余ってきます。つまり、売ることも難しくなります。

そうした時代に、あえて高価な新築住宅を買い、住宅ローンを組むことは正しい選択なのでしょうか。

もちろん、お金に余裕のある人ならばなんの問題もありません。しかし、かぎられた予算で住宅の購入を検討している大多数の人にとっては、新築住宅ではなく、中古住宅というのはきわめて有効な選択肢となります。

新築物件と同じ条件（広さや駅からの距離など）の中古物件であれば、新築より安く買うことができます。もし1000万円安く買えれば、35年ローンなら総額で2000万円近い差額になります。つまり、老後資金が2000万円増えるわけです。

2000万円を貯めるのは大変です。

住宅ローンに自分の一生を捧げるような家の買い方は、そろそろやめましょう。

これが、私たちがこの本で一番強く伝えたいメッセージです。

詳しくは本書で順次解説していきますが、中古住宅・マンションを購入するメリットとして、次の点をあげることができます。

①価格が安く、住居費用が圧縮できる

中古住宅は新築より2割以上安い場合もあり、収入の上昇が期待できないこれからの時代でも、無理のない資産形成が可能となる。

②近隣住民などのコミュニティが見える

すでにまわりには居住者がいるため、入居後に発覚する近隣住民とのトラブルや生活サイクルの不一致などが事前に把握しやすい。

③管理状況が明確

マンションでは、管理会社の姿勢やゴミ出しなどに代表される共有部分の維持管理状況や自治会などの様子がわかる。

④災害リスクが把握できる

震災で受けた建物の影響や台風などによる風水害も資料として残っており、実際に確認できる。

⑤自分のこだわりにお金をかけられる

新築住宅やすでにリフォーム済みの物件とはちがい、自分なりにこだわりたい部分に多くの費用をかけるなど、自由なリフォーム費用の配分ができる。

⑥実際の住生活がイメージしやすい

以前の居住者のライフパターンを見ることができるので、実際に住んだ場合の使い勝手などをあらかじめ知ることができる。

⑦買い換えの算段がつく

同じマンションでの成約事例や同規模の戸建て住宅の成約金額を知ることで、他の物件と比較した新築時との価格乖離《かいり》を確認することができる。

⑧掘り出し物がある

売却理由が千差万別なため、比較的値頃感のある物件を見つけられるチャンスがある。また、築年数だけで値付けされているために、実際には価格以上に価値の残っている物件を見つけることも可能となる。

本書を読み、「中古住宅・中古マンションを購入し、自分でリフォームすること」で、住宅購入の選択肢がぐんと広がることを是非とも知ってください。

ひとりでも多くの方の、かしこく住宅を手に入れるためのお手伝いができれば幸いです。

なお、本書は1章から3章を高橋正典、4章と5章を富田和嗣、6章から8章は後藤浩之が執筆を担当しました。

２０１２年４月

著者を代表して　高橋正典

不動産・建築・お金のプロが教える　中古住宅の本当にかしこい買い方　目次

2章 「お値打ちな中古住宅」を手に入れるには

3章 中古住宅を購入するために知っておくべき10のポイント

4章 安全で快適な中古住宅を選ぶコツ

5章 リフォーム&リノベーションでどこまでできる？ いくらかかる？

6章 ライフプランにそった資金計画を立てるために

7章 住宅ローンの基礎知識と安心できる借り方

8章 住宅に関する保険のかしこい加入法と活用法

編集協力◎友楽社
本文ＤＴＰ◎株式会社明昌堂

1章

不動産会社と上手に付き合う方法

1 「ワンストップで対応します」の危険性

不動産会社は仲介手数料を受け取ればおしまい

私たちが今回、この本を書こうと思った大前提になることがあります。

私（高橋）は不動産業に携わっていますが、仕事がら保険関係の方と組むことがよくあります。また建築・リフォーム会社とも取引があり、自分が仲介した中古住宅のリフォームをお願いします。不動産会社は、このように提携している建築・リフォーム会社や保険会社があることを、「お客さまの要望にワンストップで対応します」と説明したりします。

つまり「不動産会社に要望を伝えれば、リフォームから保険の加入までスムーズに進めることができますよ」というわけです。

ただしそのさいは、基本的に**「丸投げ」状態なのが現状**です。リフォームしたいお客さまには業者を紹介しますが、その後、どんな工事がなされようとも不動産会社が責任を取ることはありません。

不動産会社はお客さまに住宅を買わせることが目的なので、売買契約を結ぶと目的のほとんどが達成されます。仲介手数料をいただいて、「はい、おしまい」。そこがゴールとも言えます。そうした現状に対して、私たち3人は疑問を感じています。

そこで本書の1～3章では、中古住宅に関する不動産会社の実態を紹介するとともに、中古住宅を買えばどんなリフォームが必要で、どんな改修工事を行うとどれくらいの金額となるのか。中古住宅の購入金額と合わせて総額がいくらなので、新築住宅と比べた場合のコストパフォーマンスはどうか、ということについて説明します。

さらに、中古住宅購入の手順についても、押さえておきたいポイントとともに解説していきたいと思います。

ネガティブ情報は聞かれなければ教えない

不動産を売買するにあたっては、契約時点において、その物件のすべての瑕疵《かし》（欠点や欠陥など）がわかっているわけではありません。そのため、売り主は契約後の一定期間は、あとから見つかるような隠れたる瑕疵について保証をしなければなりません。

たとえば、新築住宅においては２０００年４月より、「構造耐力上主要な部分」と「雨水の侵入を防止する部分」の瑕疵について最低10年間の保証が義務づけられています（「住宅の品質確保の促進等に関する法律」国土交通省）。

では、中古住宅の場合はどうなっているのでしょうか。

中古住宅の売買では「現状有姿《ゆうし》のとおり」という文章が必ず契約書に記載されます。これは、買い主は「あるがままの状態（現状有姿）で買う」という条件がつけられるということです。

中古住宅の場合、売り主であるオーナーは個人であることが多くなります。そのため、瑕疵担保責任（物件に瑕疵があった場合に責任を負うこと）を負わない、もしくは負っても3カ月以内というように期限が切られています。それが過ぎたら、何が起ころうとオーナー（売り主）は責任を取らないという契約になっています。

しかも、買い主から依頼された建築業者がリフォームのために詳しく建物の中を見るのが、物件の引き渡しを受けた後になることもあります。引き渡しを受けないと中を十分に見られないのです。そのさいに瑕疵が見つかっても、もはや後の祭りです。買い主としては、すでにお金を払っているので、解約することもできません。

このように中古住宅購入にまつわるリスクには、**契約の後にしか見えてこないという現状**があります。

中古住宅の改修工事をしようとして、床を剥《は》がしたり、キッチンやお風呂を換えたりするときに土台が腐っていることもよくあるのですが、その瑕疵担保責任もほとんどの場合、売り主は負いません。

もちろん、お風呂の下が腐っているケースが多いことを不動産会社は知っています。それでも不動産会社は、契約のときには買い主に言いません。それを伝えると、お客さまは改修工事に余分な費用がかかることが心配になり、購入をためらってしまうためです。

お客さまから聞かれなければ、そうしたネガティブな情報は提供しないのです。

リフォーム済みの中古住宅は？

では、リフォーム済みの中古住宅なら、そうした心配は不要なのでしょうか？

リフォーム済みの物件は多くの場合、不動産会社が売り主になります。不動産会社（法人）が売り主になったときは、個人が売り主の場合とは異なり、法律により瑕疵担保責任が２年間負わされます。

ただし、そうした物件は、自分でリフォームを依頼する場合より、かなり高額になります。平均的な物件では８００万から１０００万円くらい高くなります（その仕組みについては56ページ参照）。

つまり、**中古住宅を購入して自分でリフォームしたほうが、安く住宅を手に入れることができる**わけです。ただし、中古住宅の購入にあたっては、新築住宅を購入するさいとは異なる注意点もありますので、順次説明していきます。

2 家余りの時代、中古住宅は買い手市場

右肩上がりに増える中古住宅の物件

現在、日本の住宅市場は家が余っています。最近のデータでは、約5000万世帯に対して住宅戸数は5700万から5800万戸あり、約15％の住宅が余っています。そのため中古住宅が売りに出されても、なかなか売れずに在庫がどんどんストックされている状況です。

また、築30年以上のマンションが100万戸を超える時代を迎えており、中古マンションのストックも年々増えています。

このように中古住宅の流通がだぶついているということは、反面、物件の選択肢が広がり、しかも価格にも値頃感が出てくると言えます。

新築住宅を建て続けてきた結果、それらがストックとして中古住宅になり、売りに出ているわけです。

中古住宅に関しては、どんどん選べる物件が増えているのがマーケットの状況で、しかも物件数はまだまだ増えていくでしょう。

日本の住宅市場は家が余っている！

全国結果の指標

（住宅数及び世帯数）

	平成20年
総住宅数	5759万戸
居住世帯あり	4960万戸
うち持ち家	3032万戸
（持ち家住宅率）	61.1%
居住世帯なし	799万戸
うち空き家	757万戸
（空き家率）	13.10%
総世帯数	4997万世帯

注：持ち家住宅率は居住世帯のある住宅数に占める割合
空き家率は総住宅数に占める割合

空き家数および空き家率の推移

全国（昭和33年～平成20年）

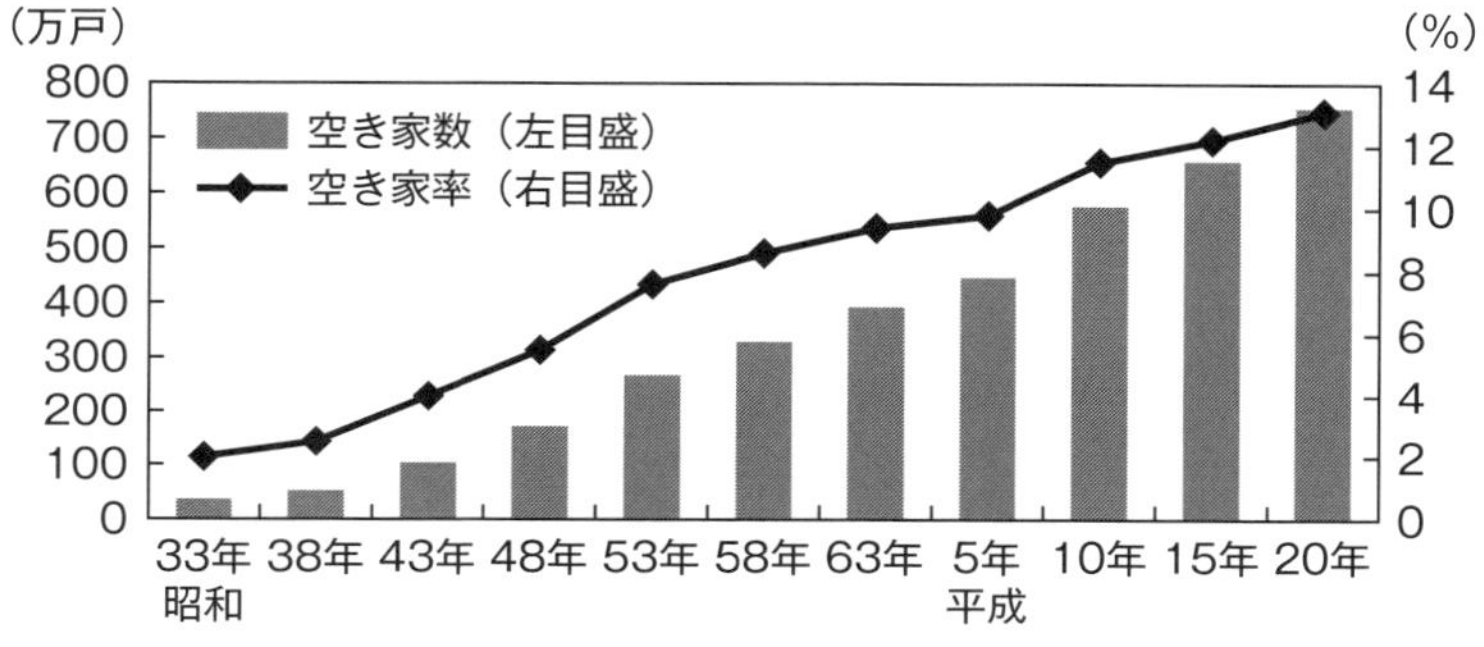

出典：総務省統計局・政策統括官（統計基準担当）・統計研究所
「平成20年住宅・土地統計調査結果による住宅に関する主な指標」をもとに作成

よい住宅地に建つ物件は中古のほうが圧倒的に多い

新築物件は中古物件に比べて物件数が少なく、価格も高いために、買い主は購入にさいして、どこかで妥協せざるを得ないケースが多くなります。たとえば、駅までの距離が遠くても我慢したりします。

現在、建て替えを除くと新築物件を建てられる良好な住宅地はどんどんなくなってきています。マンションでは特に顕著ですが、駅に近い、住宅として適した場所の物件はきわめて少ないのが現状です。

海に近かったり、あるいは埋め立て地など、本来なら住宅地として適しているとは言いがたい場所に建てられたマンションを供給し続けてきたのです。いわゆる工業地帯や倉庫の跡地に建つ新築マンションが本当に多くなっています。

したがって、元来から言われる「よい住宅地」に建つ物件は中古物件のほうが圧倒的に多くなっています。実際、そのような物件はすぐに売れています。

中古住宅を買いやすくなる環境が整えられていく

住宅建設計画法が廃止され、住生活基本法が施行された2006年以降、既存の住宅をきちんと流通させようという方向転換がなされました。この流れを受けて、現在、内閣府のホームページに掲載されている、今後日本が成長していくために必要な「新成長戦略」の中に、２０２０年までに実現すべき成長目標として「中古住宅流通・リフォーム市場の倍増（20兆円）」がうたわれています。

これに則って、現在の日本の住宅政策は具体的な施策が行われているわけです。日本には中古住宅の流通を阻害する要因がいくつかあります。具体的には、なによりも建物の耐震性への不安です。住宅の履歴が整理されていないために、どんな家なのか得体の知れない住宅が多いことが、中古住宅が流通しない大きな要因と言われています。

そうした状況を改善するために、住宅政策として中古住宅の耐震性を担保する**ホームインスペクション**、いわゆる住宅診断・住宅検査の促進、あるいは新築時の情報や改修したり手入れをしたさいの情報を電子データで残す**住宅履歴**の整備など、国土交通省の先導によって普及させる活動が行われています。

このように中古住宅の流通を促進するインフラ整備を国土交通省が法律に基づいて実施しているのです。この流れを受けて、今後5年間で中古住宅を買いやすくなる環境はどんどん整えられていくはずです。実際、不動産業界ではその影響を強く感じています。

3 【建物について不動産会社はわからない】

不動産会社には建物の知識がある人はいない

「宅地建物取引主任者」（宅建主任者）という資格があります。宅地と建物の両方の取引の専門家を想定された資格と言えます。

では、いわゆる「不動産屋さん」のうち、何割くらいがこの宅建の資格を持っているか知っていますか？

法律上は、従業員5人に対して宅建主任者を1人置け、というのがルールとなっています。これを逆に言うと、5人中4人は免許がなくても不動産業をしてもよいということです。

こうした実態を知っているお客さまはあまりいません。

また、50問ある宅建の試験問題のうち、建物に関する知識を問われるのは、わずか2問くらい。残りの48問は民法や不動産取引関係などいろいろですが、建物とは関係のない問題です。

その50問中2問しか問われない程度の宅建試験をパスした人間でさえ、5人に1人しかいない。これが不動産会社なのです。もちろん、建物の専門家である設計士がいる不動産会社は、まずありません。

したがって、不動産会社には建物の知識がある人はいない、ということを大前提にしなければいけません。

それなのに、お客さまは不動産会社に「この建物はどうですか?」と必ず聞くのです。そこで仕方なく、不動産会社の営業マンも「大丈夫ですよ。大手の物件ですから」とか「リフォーム済みですから」と答えるわけです。

いつ誰が建てたのかわからないのが中古住宅

中古住宅について言えば、「誰がどんな材料で、どのような施工をしたのか」という情報がない場合がほとんどです。

築15年ともなると、「当時の工務店はどこ?」と聞いても資料は残っていません。

こうした状況を改善するために、現在は**「住宅履歴」**の整備を進める活動が行われています。その詳細は後述しますが（39ページ参照）、ここで簡単に紹介します。

中古車を買う場合を考えてください。通常は、メーカーはどこで、何年製で、どのくらいの走行距離かという基本データ（情報）が明確になっています。また、車検制度もありますし、整備記録も残っているでしょう。

ところが不動産に関しては、いつ誰が建てて、どんな改修をしたかというデータがまったくありません。そのために現状有姿、あるがままを買うという、ある意味で恐ろしい取引になっているわけです。

そこで、住宅に関しても、いつ誰が建てて、どんな改修をしたかという情報を、データとして蓄積していこうというのが住宅履歴の整備です。

中古マンションの場合は、規模の大きい建物を建てられる業者はかぎられてくるので、施工業者がどこかはある程度わかるでしょう。もっとも、その業者が倒産している場合も往々にしてあります。

しかし、建物全体の情報がデータとして残っていることはほとんどありません。個別の部屋の情報も、まずないでしょう。配管がどのように行われたのかも、管理組合がしっかりしていればデータとして残っている場合がある程度でしょう。

実際は、管理会社に問い合わせても資料として提出されることは、まずありません。

結局、建物に関しては建物のことをきちんと理解している人間に聞かないといけないのです。不動産会社にはその知識がありません。この大原則を忘れてはいけません。

4 住宅ローンを不動産会社に任せてはいけない

不動産会社はお金の専門家ではない

住宅ローンに関しても、やはり不動産会社はお金の専門家ではないことが大前提になります。

欧米にはモーゲージブローカーと呼ばれる住宅ローンの専門家がいます。日本でも数年前から同様の制度を作ろうと導入されていますが、なかなか普及していないのが現状です。そんな中で、現実問題として誰に相談するべきなのでしょうか。

現在、日本においてはファイナンシャルプランナー、あるいは住宅ローン・アドバイザーの資格を持った人たちが活動をしています。このような職種の方は、住宅ローンに関する一定の知識はあると言えますが、実務的に十分な知識を持っているかといえば、残念ながらそうとは言えません。**ファイナンシャルプランナーであって、かつ住宅ローンに日頃から取り組んでいる人**を、きちんと探す必要があるでしょう。

不動産会社としては「お客さまに家を買ってもらう」ことが目的です。そのため、とにかく低い金利の住宅ローンをお客さまに提示する傾向が見られます。

たとえば4000万円の物件を買いたいときには、「住宅ローンは月々いくらになるの？」と話が進みます。そのさいには必ず支払い金額の少ないローンから説明します。すなわち、変動金利でかつ優遇金利という、銀行が店頭での金利よりもさらに割り引く金利があるので、これを適用して「月々12万円くらいですね」とお客さまには伝えます。

すると、「へえー、そんなもんなんだ」と購入に向けて話が一歩進むわけです。

しかし実は、その金利は変動金利です。

変動金利は、固定金利と比べて金利が低いのが魅力ですが、半年に1回金利の見直しが行われます。それなのに、将来はどんなリスクがあって、金利がどう変わっていくのかという知識がある不動産会社はほとんどありません。

もちろん、正しい知識を持っている営業マンもいますが、残念ながら大多数はそうではありません。

ネット系銀行の利用は嫌がられる

また、最近はネット系の銀行が増えています。昔のように大手都市銀行偏重の時代から、地方銀行、信用金庫、信託銀行系、ネット系銀行と、住宅ローンの選択肢も多様化しています。

たとえば、ソニー銀行のように都市銀行に比べて金利が安くなる場合も多くなっています。

そこで、不動産会社の営業マンに「ネット系銀行で住宅ローンを組めますか」と聞くと、絶対にネット系銀行を使わせないような話し方をします。

その理由は、まず第一にネット系銀行の審査には余分に時間がかかる場合が多いためです。ネット系銀行は、都市銀行などなら通常2～3週間で終わる審査が、1カ月以上かかる場合もあるからです。

より根本的な理由としては、不動産会社には普段から出入りしている銀行がいることがあげられます。したがって、「この銀行で住宅ローンを組んでほしい」という強い思いがあるのです。

お客さまがいくらネット系銀行でローンを組んでも、そのネット系銀行はその不動産会社に事業融資などをしているわけではありません。不動産会社自らが融資を受けている銀行でお客さまがローンを組んでくれれば、銀行との貸し借りができるという不動産会社の思惑もあります。

結局、不動産会社の思惑どおりにお客さまが銀行に導かれるというケースがほとんどなのです。

5

不動産会社に任せると、過大なローンになりがち

プロに相談するのが一番よい

それでは、自分で住宅ローンを組むにはどうすればよいのでしょうか?

それには、まず専門家であるファイナンシャルプランナー、特に住宅ローンに精通した方に相談するべきでしょう。

ネットで検索すると、住宅ローンに特化したファイナンシャルプランナーが数多くヒットします。いろいろな人を比較して相談してみるのもよいでしょう。

実際にファイナンシャルプランナーに相談するのに必要な費用ですが、相談だけで5万円から10万円かかる人もいれば、融資金額の1%、3000万円のローンであれば30万円くらいの人もいます。ようはピンキリです。

住宅ローンを考えるさいに何より注意すべき点は、不動産会社の言いなりにならないことです。そのためにもファイナンシャルプランナーなどに相談するのです。

不動産会社の言いなりになっていると、現在の年収から判断して購入可能な最高価格の

物件を買わされてしまう恐れがあります。年収が７００万円なら５０００万円くらいの住宅ローンが組めるため、不動産会社がぎりぎり一杯の提案をしてくることもあります。

しかし、ファイナンシャルプランナーが計算をすれば、絶対に「５０００万円のローンを組んではいけません」という結果になります。

そこで、**いくらの物件を買おうかと考える段階からお金の問題を考慮に入れてほしい**のです。

住宅の購入を決めたのであれば、物件の下見と同時にお金のプロに相談してライフプランニングを作成してもらうのはいかがでしょうか。そして、月々いくらまで払えるのかということと同時に、組んでも大丈夫なローン金額を明確にさせてください。

ファイナンシャルプランナーに何をどのように依頼すればよいのかについては、６章以降で詳しく紹介します。

6 新築物件を売りたいウラ事情がある

不動産営業マンは「とにかく売りたい」

中古物件を見せた後に新築物件をお客さまに見せると、10人中10人が「新築はいいね」と感じます。

不動産会社の営業マンの基本的スタンスは「（物件を見せて、お客さまが）気に入ったら押し込め」です。お客さまが「この物件を気に入った」という〝感度〟を見せたら、どんどん押してきます。

では、その感度が出る物件とは、どんな物件でしょう？　お客さまが「いいな」と思う物件は何かと考えると、答えは簡単です。やっぱり新築物件です。

新築物件と中古物件、それぞれの特色云々を説明する以前に、お客さまが反応する物件をお客さまに見せることが契約に結びつく近道となります。

新築物件を売りたいという営業マンの背景には、何よりこの点があります。

営業マンは決して新築物件がよいから勧めているのではなく、お客さまがよいという感度を示す確率が高いので勧めるわけです。営業マンはお客さまが好反応を示すまで、物件を見せ続けます。

しかも新築物件は手間暇がかかりません。新築物件はその建物を建てた業者がいま現在いますので、その業者が情報をすべて持っています。

たとえば、地盤調査のさいのデータ、使用した建具、道路を調べたさいのデータ、何ミリの水道管が入っているかなど、新築の場合はすべてのデータを建てた業者が持っているので、それを受け取り、お客さまに説明すればよいわけです。したがって調査すべき項目も中古物件に比べてきわめて少なくなります。

つまり営業マンからすれば新築物件は、きれいでお客さまも反応しやすく、物件に関する調査も楽で、かつ中古物件に比べてクレームが発生する時期が遅い、非常に「手離れがよい物件」と言えます。

その新築物件が本当によい建物かどうか、実は不動産会社の営業マンは知っていたりします。本当はあまりよくないと思っていても、その建物にトラブルが起きてお客さまが困るのは10年先、15年先なので、直接的には自分に関係ない話だというのが、多くの営業マンの本音なのです。

新築物件の仲介手数料は中古の2倍

不動産会社が新築物件を勧める背景には、仲介手数料の問題もあります。新築物件は中古物件に比べて、不動産会社の仲介手数料は単純に2倍になるのです。

新築物件では多くの場合、不動産会社は売り主の建売会社から直接、売却の依頼を受けています。そのため、売買が成約すると、不動産会社にはまず売り主から仲介手数料が入ります。同時に買い主からも仲介手数料をもらえます。

たとえば4000万円の物件を売れば、売り主から3％、買い主からも3％で合わせて6％（240万円）の手数料が入るわけです。これが新築物件のさいの「両手取引」です。

中古住宅の場合は、その物件のオーナー（売り主）が、まずどこか1社の不動産会社（A社）に仲介を任せて販売価格を決めてもらいます。このA社が自分で購入者を決めればよいのですが、現実には難しいため、A社はさらにいろいろな不動産会社に仲介を依頼します。そして、ある不動産会社（B社）が買い主を見つけて契約となります。

すると、B社は買い主から手数料をもらい、A社は売り主から手数料を受け取ります。

つまり、**新築物件の仲介よりも手数料が半分になるので、「片手取引」**と呼ばれています。

新築を売ったほうが、業者は儲かる

新築住宅（両手取引）

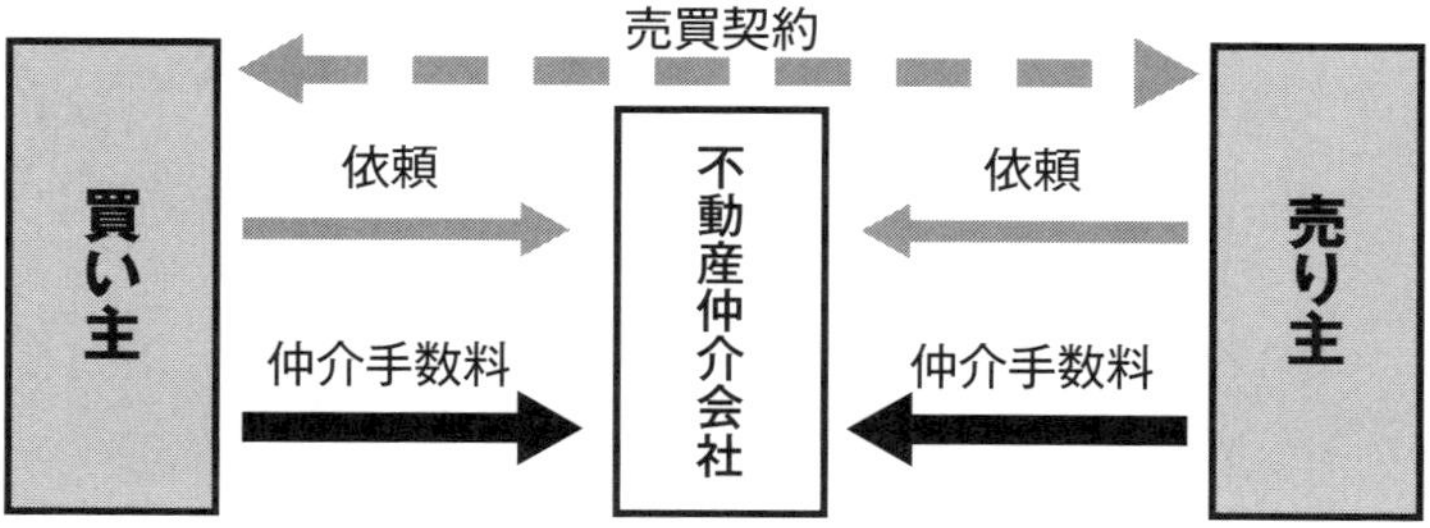

中古住宅（片手取引）

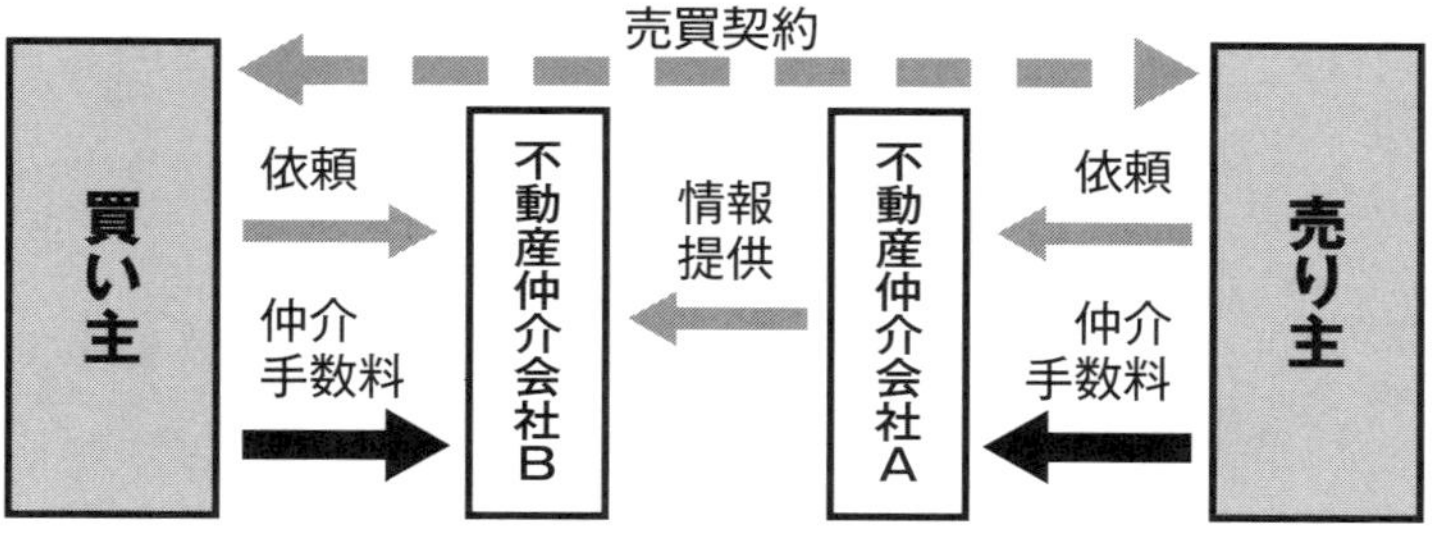

中古物件はほとんどがこの「片手取引」です。不動産会社にとって、手数料が半分しかもらえない取引なのです。

なお、リノベーション済みの物件は「両手取引」となります。

リノベーション会社（不動産会社）が中古物件を買い取って、自社で改修をして売り主になります。そして、こういう物件がありますのでお客さまを紹介してください、と市場に情報を流します。

したがって、不動産会社にすればリノベーション会社が売り主なので、契約がまとまればリノベーション会社からも手数料がもらえ、もちろん買い主からももらえる「両手取引」となるのです。

単なる中古物件よりもリノベーション済み物件のほうを不動産会社が勧めたがる理由のひとつが、ここにあります。

7 不動産会社を選ぶポイント

中古住宅の扱いに慣れている会社に相談する

不動産会社を選ぶポイントのひとつに、中古物件の扱い件数があります。ある程度の数の中古物件の取引を経験しないと、中古物件にまつわるリスクを理解できないからです。

これまで紹介したように、不動産会社には新築物件を売りたいという事情があるため、日本の不動産取引件数のうち87％が新築物件となっています。中古物件はわずか13％しかありません（平成20年「住宅・土地統計調査」総務省、「住宅着工統計」国土交通省）。

ほとんどの不動産会社は新築物件しか売ったことがないとさえ言えます。したがって、中古住宅に対する知識がまったくありません。特に中古物件の建物に関する知識がないことと、それに伴うリスクに関する知識がないことが、要注意となります。

たとえば、中古住宅の前の道路に通っている水道管に関してです。

その水道管から家の中に水道管が引き込まれて、現状として水道が使用可能であれば、売買にはなんの問題もありません。

以前はこの家に引き込む水道管の直径が13ミリであれば、建築許可がおりていました。ところが現在は、地方公共団体によって異なりますが、新築の場合は20ミリないと許可がおりません。これは、家庭での水道の使用量が増加傾向にあることによる措置です。

13ミリのままでも、中古住宅を買ってそのまま使うのであれば問題はないので、売買が行われます。ところが、10年後に建て替えようとすると、家に引き込む水道管を20ミリに交換する必要があります。

このときには、20ミリの水道管を引き込めるかどうかの判断が求められます。すなわち、20ミリに交換するにあたっては、家の前に通っている水道管の容量が問題になります。家の前の水道管の容量が十分にないと、自分の家に引き込む水道管を太くしたために、他の家への水量が落ちてしまう恐れがあります。

このように、家の前の水道管の状況をチェックせずに購入すると、将来、20ミリの水道管を引き込めない可能性があります。しかもその解決方法は、何百メートルも先にある太い水道管から自分の家専用の水道管を引くことになり、多額の費用がかかってしまいます。

中古物件を扱ったことのない不動産会社には、そうした知識が不足していることも多いのです。

販売後のサービスを確認する

不動産会社を選ぶポイントのもうひとつには、「販売後にその不動産会社は、どんなサービスを継続することを約束しているのか」が考えられるでしょう。

自社でその物件を建てた会社であれば、定期巡回サービスを行ったり、アフターフォロー体制を充実させるなどの、販売後のサービスがあったりしますが、残念ながら、仲介する不動産会社にはその種のサービスを提供しているところはほとんどありません。

実は、前述した「住宅履歴」はそのニーズに応えようというものです。

引き渡し後のリフォームや改修、加入した保険、さらには購入した家具や家電の情報などをデータベースにするのが住宅履歴です。住宅ローンをどこで何％の金利で借りたかも、そこには含まれます。購入後にローンを借り換えたのであれば、その情報もデータに入れていきます。

不動産会社に、それらのデータをきちんとした情報機関へ登録するという考えがあれば、引き渡し後もずっと物件と関わり、サービスを提供していくことになります。

住宅履歴というデータを蓄積して責任を持つという不動産会社の姿勢は、今後の不動産会社選びのひとつの基準になります。

なお、このような重要な住宅履歴データを管理するのは、客観的な信頼性のある情報登録機関でなければなりません。信頼できる情報登録機関としては、**一般社団法人「住宅履歴情報蓄積・活用推進協議会」に加盟していること**が挙げられます。

取引する不動産会社に「この家の情報を住宅履歴データとして保存することはできますか」と聞いてみてください。

このような仕組みを知っているか否かが、責任ある不動産会社を見分ける材料になると言えるでしょう。

8 中古住宅を買う前に確認すべきこと

営業マンのレベルをチェックする2つのポイント

不動産会社の店頭には客引き用の目玉物件として、中古住宅の案内が貼ってあります。また、不動産会社を訪ねて「中古でいいよ」と言うお客さまは実際に増えています。それでも結局、契約にいたるのは新築物件となるケースが多いと言えます。

最初は中古でよいと思っていても、「中古はリフォームにいくらかかるかわからないですからね。壁を剥《は》がしてみないとどうなっているかわからないし、見た目だけでは判断できないので中古は恐いですよ」と不動産会社の営業マンに言われると、「そりゃ、そうだよね。できれば新築がいいな」となるのは仕方がないことです。

営業マンがそのように言う理由は、これまで説明してきたように、手数料の問題、売りやすさの問題、中古物件は調査する項目が多い割には手数料が少ない、かつ不動産会社に知識がないなど、いろいろな要因があるのです。

中古物件を買おうと思って不動産会社に行った場合、まず聞くべきポイントがあります。

「中古住宅を買うと耐震性が不安なのですが、どうすればよいですか」と尋ねたときに、すぐに「ホームインスペクション」の話題が出てくるかどうかは、非常に大切です。

ホームインスペクションとは、簡単に言うと住宅診断です。第三者的あるいは専門家の見地から、住宅の劣化状況や欠陥の有無、耐震チェックなどに関してアドバイスをしてもらうことです。

不動産会社の営業マンにこの知識があれば、「ホームインスペクションしてみたらどうですか」という言葉が必ず出てきますので、ひとつの判断基準になります。

次に、「中古住宅を購入した後に何が起こるか不安なのですが、対処法はありますか」と聞いてみます。現在は中古住宅の瑕疵保険制度があります。この制度を知っているかどうかで、知識と経験を判断できます。

中古住宅に関しては、この2点を確認すれば、その営業マンのレベルはわかります。

プロが教える中古戸建ての注意点

中古の戸建て住宅に関する注意点として代表的なのは、**土地の境界の明示**です。

隣接する土地との境界点はここです、と決めることを「明示」と言いますが、実はこの境界が決まっていないことが意外に多いのが現実です。

売り主が隣地の方と立ち会いをして、境界がはっきりしている住宅かどうかを確認する必要があります。

境界の確認がないままに購入すると、自分の家の塀だと思っていたら隣の家が権利を主張してくるケースもあります。また、水道管の越境トラブルもあります。隣の家の水道管が自分の土地の下を通っていたりします。

そのほかの注意点は、やはり**瑕疵担保責任**に関してになります。

オーナー（売り主）の瑕疵担保責任は引き渡しから2カ月しか負わないと説明されて契約した。しかし、3カ月後に床がゆがんできたので剥がしてみたら、根太《ねだ》（床板を支えるための横木）があるべき箇所になかったことが発覚したりします。

実際は、不動産会社に建築に関する知識と中古住宅を扱った経験があれば、床を歩いてみればある程度のことはわかるはずです。

「ここはおかしい。このへんはいい加減な工事がされているのではないか」と、ピンとくるでしょう。

登記簿謄本の「地目」を確認する

さらに言えば、その住宅が建っている土地に関しても確認が必要です。たとえば、**明らかに湿気の多い場所などは建物に影響を及ぼす可能性がある**ので、なるべく避けたいところです。

そんなときに確認したいのが、土地の登記簿謄本です。その中に「地目《ちもく》」というその土地の主たる用途を分類したものがあります。

普通、住宅地は「宅地」なのですが、「畑」「田」となっていることもあります。この地目をチェックすれば、その土地が昔どういう用途に使われていたかがわかります。「田」など、かつて湿地だった土地は、湿気が多い土地だと考えられるでしょう。

ほかにも地名から判断する方法もあります。「沢」や「沼」がつく土地は水に縁がある可能性が高いでしょう。

湿地など建物に影響を及ぼす外的要因がある場所に建っているかどうかで、その建物の耐久年数は大幅に変わってきます。

また、木造住宅は寒いと、よく言われます。マンションに比べれば蓄熱能力が低い分、寒い場合が多いのは事実ですが、実は断熱材がきちんと入っていないことが原因であったりします。

住んでみると異常に寒い。そこで壁を剥がしてみたら断熱材がまったくない。断熱材がはげ落ちてしまっていることも、よくあります。

プロが教える中古マンションのチェックポイント

中古マンションを購入するさいにまず確認したい点は、**騒音問題**でしょう。

新築マンションでは、購入前に実際に上下階に生活する方々の生活音のレベルはわかりません。しかし、中古マンションを購入する場合には、これらの問題は事前にチェックすることが可能です。

ただし、それをチェックするためには、実際にマンションを見学する時間帯を、昼以外に夜、あるいは祝日などにも行うと、さらによくわかるでしょう。

ほかにはゴミ出しの問題や居住者間の**コミュニティトラブル**があります。同じフロアにちょっと変わった人がいると、毎日顔を合わさなければいけないし、同じエレベーターに乗りあわせたりすると、トラブルの原因となったりします。

これらコミュニティに関することも、中古マンションでは事前に知ることが可能です。

中古戸建て、中古マンションを購入する前にチェックしておくべきポイントについては、4章で詳しく紹介します。

Column

欧米では「不動産取引」といえば「中古物件」

１年間の不動産取引のうち、中古住宅と新築住宅の数を比較してみると、アメリカでは約77%が中古住宅の取引となっています。新築住宅はわずか約23%です。

イギリスではさらに顕著で、中古が約88%、新築が約12%となっています（Statistical Abstract of the U.S.2006／コミュニティ・地方政府省HPより）。

欧米では、不動産取引といえば中古物件、と言えるでしょう。

一方、日本でも2006年を転機として、政府の住宅政策は180度、方向転換されました。

それまでは昭和41年に作られた住宅建設計画法に基づき、約40年にわたって、「家をどんどん作ろう」という政策でした。

それが時代の変化により、住宅が余るようになってきたため、「これからは新しい住宅を建設するのではなく、既存の住宅を長く活かす方向に変えよう」ということになったのです。

そして2006年に住宅建設計画法が廃止され、住生活基本法が施行されました。これによって日本の住宅政策が大きく変わり、現在の中古住宅のストックを流通させていくことになったのです。

日本でも、アメリカやイギリスのように、中古物件が不動産取引の中心となる日がやってくることでしょう。

2章

「お値打ちな中古住宅」を手に入れるには

1

まず家探しの優先順位を考える

子どもが独立した後、夫婦2人で何年暮らすのか

家探しの優先順位で大事なのは、目先のことにとらわれず、「将来、どうしたいのか」を優先することです。

子どもがいる家庭では、無理して子どものために部屋数の多い新築住宅を探しがちです。しかし、子どもと一緒に暮らせるのは、せいぜい10年から15年かもしれません。実際には子どもが独立した後の夫婦2人で暮らす時間のほうが長い場合も多いでしょう。その生活もイメージしながら、家を探すべきです。

実際に家を買った人が何を優先したのか決定要因を見てみると（左図）、上位3つは、「価格」「間取り」「広さ」となっています。また、立地選びで重視した要因は、「両親の住まいとの距離」「通勤沿線」「以前の住まいの近く」となっています。

実際問題として、新築にこだわると、これらの希望をすべてかなえることは不可能だと

家を買った人は何を優先しているのか？

物件購入を決定した要因（戸建て）

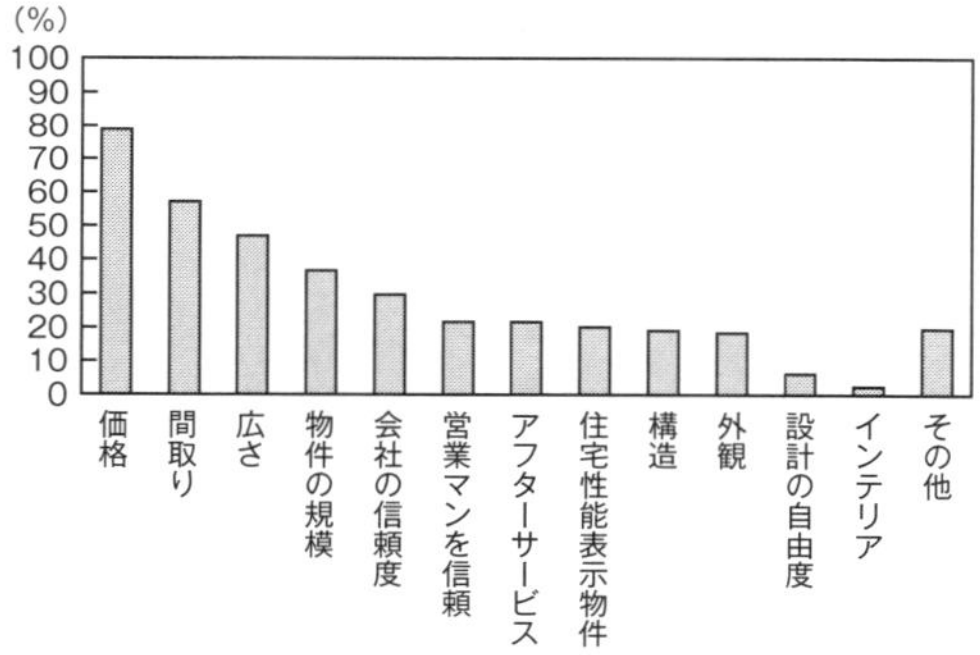

立地選びで重視した要因（戸建て）

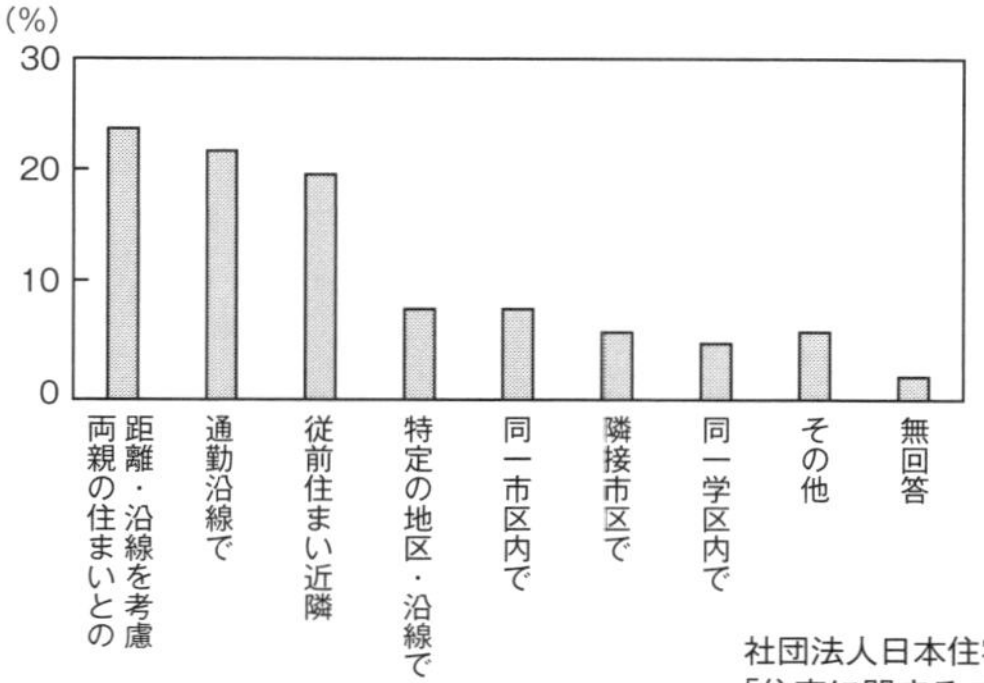

社団法人日本住宅建設産業協会
「住宅に関するニーズについてのアンケート調査」平成18年7月

家を買って何をしたいか。現在だけでなく10年後、20年後もイメージすることが大切です。

思います。価格が安くて広い、いまの家から近くて通勤も便利、しかも親の家とも近い……。

新築住宅にこだわりながら、こうした条件で住まいを探していると、条件に合った物件はなかなか見つかりません。結局、なんらかの妥協をしたことで、買った後に後悔することになるかもしれません。

親の住まいの近くに住むということは、同居をするのではなくても将来は面倒をみることを想定しているのでしょう。あるいは、子どもを育てる上でおじいちゃん・おばあちゃんの近くが何かと便利と考えているのでしょう。しかし、新築でこれを実現するのはなかなか難しいのが現実です。

将来の活用法もイメージして検討する

40歳で家を買っても、10年後には子どもは独立して別々に住むかもしれません。その後、夫婦2人で20年以上の生活が待っています。

大切なのは、その家で何をしたいかです。

もちろん、子どものいなくなった広い家でそのまま暮らしてもよいのですが、建て替えて親と一緒に住む、子どもとの二世帯住宅を建てる、アパート併用住宅にする、自分たちの家は小さくてもよいので一部を駐車場にして収入を得るなど、不動産を将来どのように活用するのかもイメージして検討すべきでしょう。

15年後、自分たちは50代になり、子どもが独立したときには家を売りたいと考えているとします。それならば、「売れる家」という定義も考慮に入れる必要があります。

ずっと住み続けるのか、将来売るつもりがあるのかによって、当然、買う場所も変わってきます。

あるいは、30年は住める家を買いたいとします。新築住宅ならその条件は、問題ないかもしれません。

では、中古住宅ならどうでしょう。

築20年の中古住宅をリフォームしても建物が30年もつか不安があるのなら、築10年から15年の中古住宅を探すという選択肢もあります。それでも、新築物件よりも安くて広い優良物件が見つかる可能性が高いのです。

2 良質な中古住宅は「立地」と「手入れ」で判断

木造住宅の最大の敵は湿気

中古住宅を購入するさいには、建物の立地条件が重要な判断基準となります。なぜなら、建物の劣化状況は、どこに建っているかで大きく変わってくるからです。

44ページで「地目を確認する」必要性を説明しました。以前、田んぼや沼などの湿地だった土地や川の近くに建っている中古住宅と、高台の角地で風通しのよい場所に建っている中古住宅では、同じ築年数でも劣化の具合はまったく違ってきます。

住宅で一番大切なのは湿気がないこと。以前に湿地だったような場所は避けるべきです。

ほかには家の形もポイントとなります。出っ張りや引っ込みの少ない四角い家が望ましいでしょう。耐震性にもすぐれ、雨漏りなども比較的少ないと考えられます。

災害に強い住宅を見極めるポイントについては、詳しくは112ページで紹介します。

良質な中古マンションの立地条件

中古マンションの場合は、**住宅地に建っていること**が大原則になります。幹線道路沿いなどに建っているマンションより建物の劣化も少ないですし、騒音や振動も少ないでしょう。

工業系の場所に建っている物件はあまり望ましくありません。従来からある住宅地に建っている中古マンションのほうがよいでしょう。

中古住宅を選択するのであれば、駅から遠い、工業系の土地に建っている、商業系の賑やかな土地に建っているマンションなどは避けたいものです。

良質な中古マンションの判断基準として、専門家の間では「地なりがよいところ」という表現を使います。築年数が古くても初めて見たときに、「この立地に物件が出ることは今後ないだろう」と思わせる物件があったりします。駅に近く、眺めもよく、かつ静かという住宅街に建つマンションは当然、値崩れしません。

工業地域と呼ばれる地域に建つマンションではなく、家が建つべきしかるべき場所に建つ物件であれば、良質な中古住宅としての基準を満たしていると考えられます。

手入れを知れば価値がわかる

中古住宅を購入する場合には、売り主であるオーナーが、その家にどんな修繕を行ったかを知る必要があります。そこで、まずは修繕履歴をオーナーに確認してください。オーナーが手間をかけていれば、それだけ住宅に対する愛着も大きかったと考えられます。魂は細部に宿ると言われるように、細かいところにまで目が行き届いていた家である可能性は高くなります。家というのは人間の体と同じで、日々の手入れの積み重ねが大切です。**日々の風通しや換気がしっかり行われている家**に優るものはありません。

中古住宅は、まだ居住者が住んでいるケースが多いので、修繕履歴がデータベースになっていなくても直接、オーナーに聞くことができるでしょう。直接聞けなくても、不動産会社を通して聞くことはできます。

欧米で住宅流通のほとんどが中古住宅となっている大きな理由は、「家の手入れをしていることが評価される」からです。イギリスに行くと、普通の民家でも築50年を超えているのが当たり前です。

3 【中古住宅とリノベーション住宅とのちがいを知ろう】

リノベーション住宅とは?

一般には、リフォームとは躯体《くたい》(建物の主要な構造、骨組み)を変更せずに、キッチンを交換したり、クロスを張り替えることを言います。

一方リノベーションとは、単なる手入れではなく、躯体に変更を加えたり、空間や機能の付加価値をアップさせるなどの作業をさします。ただ、巷《ちまた》に出ている不動産会社が行うリノベーション住宅を見ると、デザイン性にすぐれたリフォーム住宅を称してリノベーション住宅とするケースがほとんどのようです。

本章では、このように不動産会社が中古住宅を買い取り、きれいにして販売している物件を、広義でのリノベーション住宅としてご説明します。なお、正式なリノベーションの定義については、133ページを参照ください。

同じ平米数で同じ築年数の物件を比べると、リノベーション住宅は通常の中古住宅より1000万円近く高い価格がついていることがあります。

リノベーション住宅を建てるために不動産会社は、古いマンションや戸建てを一度買い取ります。その買い取りのさいには、仲介する不動産会社に仲介手数料を払います。ほかにも契約書に印紙を貼ったり、金利を払ったり、固定資産税を払ったり、不動産取得税も払います。

さらに、そこに改修工事費用が上乗せされ、売り手がつくまでの営業費用などのコストもプラスされ、さらには売ってくれる不動産会社への仲介手数料もかかります。そして、最後に自社の利益が加算されます。

そのため、リノベーション前と後では1000万円近くの価格差が生じるのです。このような費用まで買い手が負担するのがリノベーション住宅なのです。

リノベーション前と後では1000万円の価格差が

築年数が古い、床面積も少し狭い。しかも1000万円高い。それでもリノベーション済みの1000万円高いマンションのほうが、中古住宅より先に売れてしまいます。

たとえば、同じ時期に売りに出された2つのマンションがあります。

最寄り駅は同じで面積は55平米と54平米、昭和61年と昭和56年の建築、つまり広さも築

リノベーション物件に含まれる経費

年数も最寄り駅にも、それほどちがいはありません。

ところが、リノベーションされたマンションは3480万円、中古マンションは2450万円と、1000万円近い価格差がありました。スケルトンリフォーム（全面改装）を施しただけで、1000万円も価格が上乗せされているわけです（60ページ参照）。

「これは残念」と感じても、低価格で解決できる

リノベーション業者は多くの場合、中古物件の売却依頼を受けたもののなかなか売れなくて困っている不動産会社から、その物件を安く買い取り、リノベーションを施して販売しています。すなわち、一度中古物件として市場に売りに出された物件を扱っているのです。

したがって、リノベーション住宅を買うよりは、その前に市場に出ているときに中古住宅として買ったほうが安く手に入ります。

それでも中古物件を案内されたさいには、お客さまはきれいになった姿をイメージできないのが現実です。

「こんなにきれいになります。しかも市場に出ているリノベーション住宅との価格差の半分以下のリフォーム料金でできますよ」

このように不動産会社の営業マンが説明しても、中古住宅に対する嫌悪感や、生活感のにじみ出た部屋への悪いイメージからか、なかなか購入までにいたりません。

それでも、中古住宅を買って自分でリフォームしたほうが得だということを知識として持っている人は確実に増えています。

実は、建築家や不動産会社の人が家を買うときには「中古住宅を買いたい」という声がとても多いのです。その理由は、本当は価値があるのに、その価値が正当に評価されていない、つまり価値以下の値段で安く販売されている中古住宅が多いからです。

家の価値は見た目で決まるのではありません。それでもお客さまの反応は、どうしてもキッチンやお風呂などの設備の見た目に左右されます。

不動産の価値というのは、そうした設備機器などなんとでもなるというのが現実です。一般の人が「これは残念」と感じる箇所は、実際にはお金でほとんど解決できます。しかもそれにかかる費用もそれほどの額ではなかったりします。

それを知っているからこそ、リノベーション会社は中古物件を買い取るのです。

4 リノベーション前に購入したほうが断然おトク

900万円も高く売れるリノベーションのパワー

以前に扱った2200万円の中古マンションの例を紹介します。

この物件は内装も少し汚れており、売れませんでした。しかし、売り主の事情としては買い換え先も完成しており、早急な現金化が必要でした。そこで仕方なく、リノベーション業者に1900万円で買い取ってもらいました。

その後、改修工事を行ってリノベーション済みマンションとして2850万円で売りに出されました。すると、50万円くらいの値引きはありましたが、すぐに買い手が見つかったのです。

2200万円でどうしても売れなかった中古マンションが、2850万円のリノベーション済みのマンションになった途端に、1カ月もしないうちにあっさり売れてしまう。これがリノベーションのパワーなのです。

リノベーション前（2,220万円）

最上階角部屋の2LDK！

【物件概要】

物件名：○○○
価格：2,220万円
所在地：○○区○○○
交通：○○駅　徒歩５分
構造：鉄筋コンクリート６階建　６階部分
築年数：昭和60年９月築
総戸数：24戸
敷地面積：469.50m²
土地権利：所有権（敷地権）
専有面積：50.30m²（壁芯）
バルコニー面積：52.50m²

管理会社：○○○社
管理形態：全部委託
管理費：8,000円／月
修繕積立金：14,000円／月
現況：居住中（即引渡可）

価格　**2,220**万円

〒000－0000
東京都○○区○○○○
株式会社○○不動産
http://○○○○○○○
TEL　○○－○○○○－○○○○
FAX　○○－○○○○－○○○○
担当　高橋

リノベーション後（2,850万円）

価格
2,850万円

南西向きの最上階！角部屋！

物件名：○○○
交通：○○駅
徒歩５分

物件概要

所在地：○○区○○○
専有面積：50.30m²
バルコニー面積：52.50m²
構造：鉄筋コンクリート6階建　6階部分
築年数：昭和 60 年9月築
総戸数：24 戸
敷地面積：469.50m²
土地権利：所有権（敷地権）

管理会社：○○○社
管理形態：全部委託
管理費：8,000 円／月
修繕積立金：14,000 円／月
現況：空室
引渡：即時

※エレベーター有、駐車場空有（月額 25,000 円）、
平成○年○月○日現在

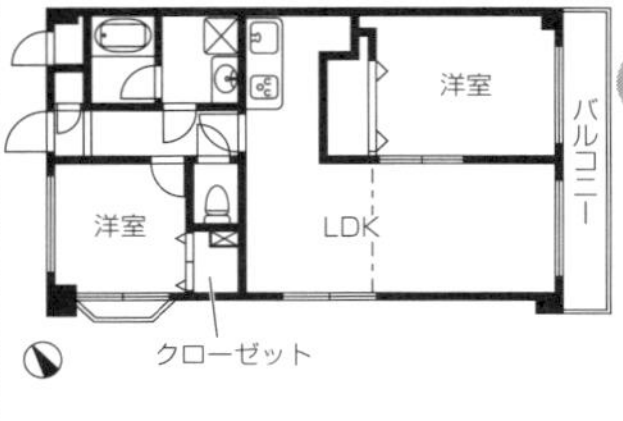

お問い合わせ、お申し込みはこちらまで

〒000－0000
東京都○○区○○○○
△△△会社
http://○○○○○○○
TEL　○○－○○○○－○○○○（代）
FAX　○○－○○○○－○○○○

新規内装
リフォーム済み！

- キッチン新規交換
- ユニットバス新規交換
- 給湯器交換
- フローリング張替（洋室･LDK･廊下）
- クローゼット新規取付
- 下足入れ新規取付
- クリーニング

リノベーション業者とは、中古物件を購入し、リノベーションして再販売するのが専門の業者です。仲介することは仕事ではありません。

リノベーション業者は中古で売れない物件を買い取っているわけです。その買い取った物件を自社の持つリノベーション能力により、このくらいの価格なら売れると判断して市場に出します。

中古なら1900万円で買えた物件が、きれいにはなっていますが、900万円以上も高くなるのです。この例からわかるようにリノベーション住宅に、どの段階で出会えていれば一番お得なのかを考えてみてください。

短期間でお金に換える必要があり、市場に出す時間がないため、直接リノベーション会社に買い取ってもらうケースもありますが、ほとんどのリノベーション物件は一度中古物件として市場に出ています。

リノベーション会社が行う改修工事であれば、おそらく300万円くらいでできることが多いでしょう。もちろん、リフォーム代金についてもローンを組むことは可能です。

5 中古物件の「買い時」はいつ?

築15年前後が狙い目

建てられて何年くらい過ぎた中古住宅がお買い得なのか考えてみましょう。

首都圏の中古マンションの築年数別平均成約平米単価を見ると、新築時から築16年目までは平米単価は60万円くらいから40万円くらいまで下がり続けます。その後はあまり変化しません。これを見ると、**築15年前後の中古マンションを買うのが狙い目**と言えます。

一方、中古の戸建てでは、築年数別平均価格は緩やかに下がります。マンションほど大きくは下がりません。

しかし、中古戸建ての築年数別平均土地面積を見ると、築16年目を過ぎた物件は、平均価格の下落に比べて土地の面積が広くなる傾向が見られますので、割安になると判断できます。つまり、築15年、16年くらいの中古戸建てが価格の割に土地の面積が広くなる目安と言えます。

建物の残存価値から考えても、築10年から15年くらいは使い勝手がよいでしょう。したがって、**中古戸建ては築年数が10年から15年の物件が、「買い時」**と言えます。

中古マンションの「買い時」

(万円/m²)　中古マンションの築年帯別平均m²単価

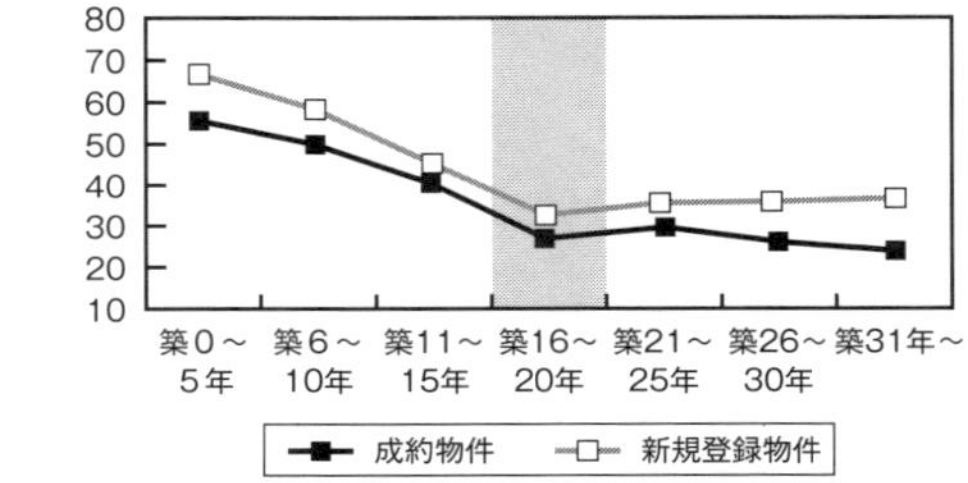

中古戸建ての「買い時」

(万円)　中古戸建住宅の築年帯別平均価格

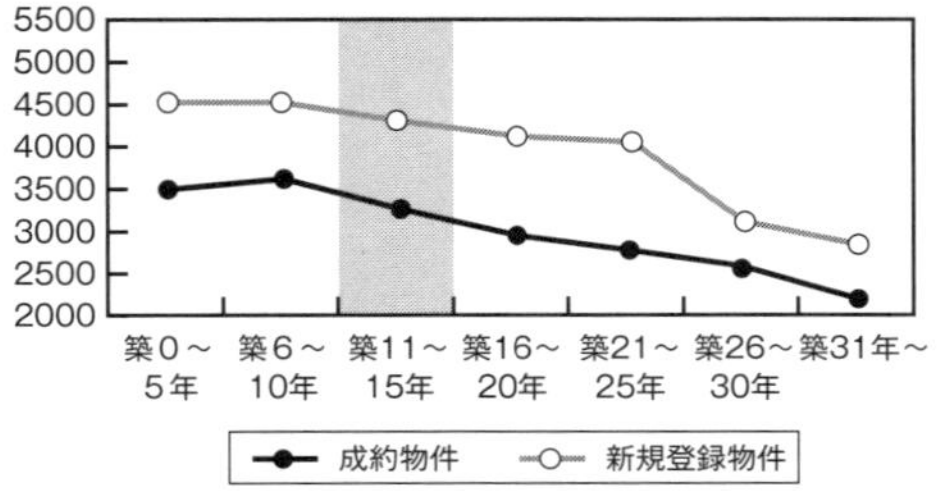

(m²)　中古戸建住宅の築年帯別平均土地面積

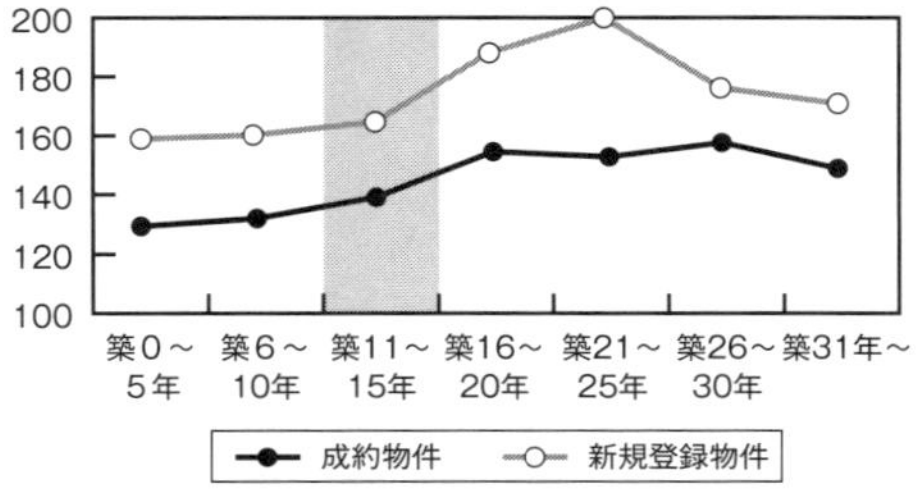

出典：財団法人東日本不動産流通機構「REINSTOPIC築年数から見た首都圏の不動産流通市場」をもとに作成

6 中古市場に「掘り出し物」はあるのか

もっと高く売られてもよい物件を安く買うことができる

不動産会社は、よく「掘り出し物はない」と言います。私は、これはウソだと考えています。

掘り出し物は必ずあります。ましてや中古住宅には掘り出し物がかなり見つかります。

その理由は、中古住宅の価格の決め方が十把ひとからげとなっているからです。

新築物件の価格は、建築費がいくらで、諸経費をそれにプラスして、土地を安く叩いて買う。もし土地の値段が下がらなければ建築費を下げたり、工期を短くするなどして、つじつま合わせをするわけです。

市場の状況、具体的にはあの物件がいくらで売れたから、同じくらいだったら売れるはずだと価格を合わせることで決まっていきます。

一方、中古住宅もやはり売れなければ話にならないので、「あそこでいくらで売りに出ているので、このあたりならこれくらいの価格で」となります。ただし、中古住宅に関しては個別要因が大きくからんできます。

たとえば、近くの中古マンションが4000万円で売れていても、同じ広さのマンションが3000万円であったり、5000万円であったりもします。個別の要因で中古物件の価格は変わります。

その理由は、個別の住宅が持っている特異性に起因します。マンションであれば物件管理の状況、施工会社や分譲会社がどこか、部屋の向きなどによって価格は変わってきます。戸建てであれば、どの工務店で建て、どんな改修工事を行ってきたか、また接する道路の幅やその道路の向き、土地の形などによって変わってくるので、同じ条件であっても値段はバラバラになります。

だからこそ、本来もっと高く売られてもよい中古物件を安く買うこともできるのです。そこを見抜くことができれば、掘り出し物を見つけることができます。

掘り出し物を見つけるために、不動産会社を味方につける

また建物に関しては、築何年なのでいくらという判断がなされます。築20年経った木造建築であれば、基本的に資産価値はゼロと判断される場合がほとんどです。

しかし、人間にたとえれば、健康に気を配り、体のメンテナンスをマメに行いながら生活してきた人の体と、何のケアもせずに不摂生な生活をしてきた人の体では、当然ちがい

があります。

それと同様に、住宅も築年数だけでは評価できない点もあるのに、「20年を過ぎているので価値はゼロ」という見方で評価されてしまうケースが、非常に多く見られます。ところが建築家や不動産会社が見たとき、「築年数から言うと確かに計算上はこの価格になるけれど、十分建物は使えるし、もっと価値がある」という場合もあります。あるいは「この場所であれば、将来値段が下がることはまずないだろう」ということもあります。

こうした評価ができるような掘り出し物は、実際に存在するのです。

ただし、掘り出し物を見つけるためには不動産会社を味方につける必要があります。しかるべき知識のある不動産会社の力を借りることで、お客さまは初めて掘り出し物を見つけることが可能となるのです。

掘り出し物探しには不動産会社や建築会社など、専門家の視点が不可欠でしょう。

次の項では「しかるべき知識のある不動産会社」かどうか見極めるコツについて紹介します。

7

よい不動産会社を見つけて任せよう

信頼できる不動産会社の見極め方

まず、信頼できる不動産会社を見極めるためのチェックポイントを紹介しておきましょう。これから物件を探そうとするとき、広告チラシなどは、以下を確認しましょう。

・曖昧な価格表示や、わかりづらい価格表示をしていないか
・広告有効期限は明記されているか
・「抜群」「値下げ！」「二度と出ない」などの違反文を使っていないか

ホームページには、さらにその会社の姿勢が表れます。以下をチェックしてみましょう。

・見やすい位置に電話番号が書いてあるか
・購入後のサービスについて説明があるか
・会社情報で、代表者の経歴や顔が見えるか

また問合せ後に、担当者以外の営業からも次々と電話がかかってくる会社には気をつけましょう。お客さまをリスト化し、「数打てば当たる」的な営業をしている可能性が高いためです。

さらに、行政処分歴のある不動産会社も避けたいところです。行政処分とは、不動産会社が不法な手数料を受領したり、重要な内容を告知しないなどによって営業停止処分となることです。たとえば、東京都宅建業者インターネット情報提供システムのように、インターネットで不動産会社の行政処分履歴を公開しているサイトもありますので、利用してみるのもよいでしょう。

信頼できると思ったら、「任せる」シグナルを出す

不動産会社にすれば、お客さまはいろいろな不動産会社に声をかけるもの、だから一生懸命説明しても自分のところで買ってくれるとはかぎらないと思っています。話したところで買ってくれないのであれば、余計なことは言わないというのが、多くの営業マンのスタンスになってしまっています。

そこで、信頼できる不動産会社であると思ったら、その会社1社に任せるという意思表示、シグナルを出すことがよい物件を見つける近道になります。

ただし、ここで「任せる」というのは、あくまでも不動産の話です。建物のことやお金の問題まですべて任せなさいと言っているわけではありません。

8

「土地」と「建物」の価値を分けて考える

物件の本当の価値を計算する方法

たとえば、土地20坪・建物20坪、築5年で3000万円という中古住宅が売りに出されたとします。この物件が高いか安いかを考えるさいには、近隣で同じような中古物件が3000万円で売りに出ているから、この3000万円も妥当という価値判断がされます。

しかし元来、土地と建物は別々の不動産です。したがって、本来は分けて評価をして、土地はいくら、建物はいくら、合計でいくらと考えるべきです。

掘り出し物を見つけたければ、このように土地と建物を分けて考える必要があります。

5000万円で売りに出た中古住宅があります。平成4年の建設で、土地が30坪、建物が約30坪です。仮にこのあたりの土地の坪単価を150万円とすると、土地の価値は4500万円になります。

ということは、価格が5000万円なので建物は500万円の価値しかないという値付けとなるわけです。

この建物をホームインスペクションでチェックしてもらい、15年以上もつと判断されれば、1カ月あたりの住居費は約2万8000円となります。つまり、月額2万8000円で15年住めるとも考えられるのです。

このように考えれば、この物件はとてもおトクな物件と思われます。どのくらいの価値がある建物なのかを見直すことで、「この建物がこの値段で手に入るのだったら」と、思いのほか安く購入できることは、それほど珍しくはありません。もし、5000万円で新築物件を買おうとすると、おそらく土地が20坪くらいと3分の2の広さになってしまうでしょう。

まだまだ掘り出し物はある

この5000万円の物件のように大雑把な価格設定がなされているのが、中古住宅の現状です。

ただし、これを是正しようとハウスメーカーは考えています。大手のハウスメーカーは建売会社と同じに見られたくないと考えて、土地と建物を分けて評価する考え方の普及を進めています。

土地はこのあたりならいくら、建物は残存価値から判断していくら、近隣の物件は4000万円ですが、当社の物件が4500万円するのは建物の残存価値がほかより高いから

不動産広告から土地・建物の価格を推測する方法

価格	5000万円
最寄り駅	東京メトロ有楽町線・副都心線「平和台」駅徒歩５分
構造	木造２階建て
間取り	４LDK
築年数	平成４年築
土地面積	100㎡（30.2坪）
建築面積	約101㎡（30.55坪）
用途地域	第一種中高層住居専用地域
建ぺい率	60％
容積率	200％
道路	南東４ｍ公道
設備	都市ガス、公営水道、本下水
駐車場	有

１）不動産広告から、土地の価格を割り出す

坪単価を150万円と仮定すると、

坪単価×坪数＝土地価格

例）150万円×約30坪＝4500万円

２）建物の価格を割り出す

販売価格－土地価格＝建物価格

例）5000万円－4500万円＝500万円

３）割安か、割高か？

ホームインスペクションなどで建物の残存価値（15年と仮定）を判断し、年数×12カ月で割る

建物価格÷（残存年数×12カ月）＝１カ月当たりの住居費

例）500万円÷（15年×12カ月）＝約2.8万円

１カ月当たりの住居費は2.8万円。建物はかなり割安。

です、と説明されるのです。

この流れが進むと、掘り出し物に出会える可能性は低くなり、中古住宅も正当な価格評価がなされるようになるでしょう。現在はまだ、掘り出し物を見つけられるチャンスだと言えます。土地と建物を分けて考えると、掘り出し物は必ず見つかります。

なお、中古住宅に関してはホームインスペクションによって、その建物の劣化状況や欠陥の有無、改修すべきポイントや費用についてきちんと調べるのは、必須と言えます。その建物がどのような状態になっているか、どのような手入れが行われてきたのかによって、耐久性や耐震性は決まってきます。

ちなみに、**ホームインスペクションにかかる費用は業者によって幅がありますが、5万から10万円くらい**がひとつの目安となるでしょう。

また、ホームインスペクションに関しては、日本ホームインスペクターズ協会が2008年に「公認ホームインスペクター（住宅診断士）」という資格を作りました。

建築と不動産、両方の視点が求められるこれら資格者に、購入前の住宅をチェックをしてもらうことで、「欠陥住宅」や「買ってはいけない住宅」をつかむリスクが減少します。

さらに、今後どこに、どのくらいのお金をかけてメンテナンスすればよいか、見通しを立てることもできます。

9

ネット情報に頼りすぎてはいけない

住宅購入に関して相談するところがないのが現状

初めて住宅を買う人（一次取得者）の大多数は、まずネットで情報を調べます。そして、なかなかよい情報がないなと思いながら、街中のオープンルームを覗いたり、新聞の折り込み広告の物件に問い合わせをしたりします。

まずはネットで調べてみるのですが、ネット情報では完結しないことに気づいて、ようやく現場を見に行ったりします。

また、ほとんどのお客さまは住宅を購入する前に人に相談しません。友人から「家を買った」という話を聞いたことはあると思いますが、「家を買おうと思っているんだけど、どうかな」という話は、まず聞きません。せいぜい両親に聞く、会社の先輩に聞くくらいです。

そして、不動産会社に行くときは、すでに家を買うことを決めています。「家を買ったほうがよいのか、借りたほうがよいのか」「買うならマンションがよいのか、一戸建てがよいのか」「新築がよいのか、中古がよいのか」を、どこに相談すればよいのか、これらを相談する場所がないのです。

本来は、そうしたことを不動産会社に聞くべきなのですが、どうしても不動産会社に行くと売り込まれてしまうというイメージが強いのです。

つまり、買うことを決めてから不動産会社に行く。買おうか買うまいか……買うならどんな選択肢があるのかを相談できる「不動産のよろず屋」が日本にはありません。だからこそ、本書では皆さんに、中古住宅のメリット・デメリットから、かしこい買い方まで紹介したいと考えているのです。

ネットには優良物件の情報は掲載されない

ネットに頼りすぎることの弊害としては、**ネット情報漬けになってしまうと、不動産会社を味方につけにくくなる**点があげられます。ネット情報を過信して、不動産会社は自分がほしい情報だけを取りに行く場所だと考えてしまうのです。

不動産会社としてはよい情報を持ち逃げされては困るので、インターネット上にはよい情報は流しません。したがって、ネット上にはよい物件は、まずありません。

インターネットに広告を出すためには、売り主から掲載許可を取る必要があります。これは1件1件、電話をして許可を求めます。

ところが、ほとんどの物件はＮＧの返事が返ってきます。

その理由は、不動産業界には「広告を出したら負け」という業界体質があるからです。これは、同業者の人と話をするさいに「あの現場は全部売れてしまったよ。未公開のうちにさっと売れた」と言えることが一番格好よいとされているからです。

いろいろなところに広告を出して売れたことは、まったく自慢になりません。不動産会社にとって、広告掲載することは自ら負けを認めるような雰囲気があります。したがって、ネットへの掲載を認めないのです。

このようにネットにはよい物件が出てこないので、ネットには頼りすぎないほうがよいのです。


どんな物件でも実際に見なければわかりません。不動産会社の人間でもそうなのです。思いのほかよかったりすることもありますし、もちろんその逆もあります。

すべてがネット上で完結できると勘ちがいして、物件情報を取捨選択してしまっているのは、よい物件にめぐり合えないひとつの理由でもあると思います。

3章

中古住宅を購入するために知っておくべき10のポイント

本章の解説

中古住宅市場の仕組み

売買契約のチェックポイント

1 物件が売りに出されるまで
――中古住宅市場の仕組み❶

基本的に物件情報は広く公開される

中古住宅のオーナーが家を売却する理由としては、買い換え（子どもが成長して広い家が必要、子どもが独立したので戸建てからマンションに移りたいなど）、債務の圧縮（ローンの支払いが厳しいなど）、現金化の必要性、転勤、相続、離婚などがあげられます。

住宅を持っている人がこうした要因から不動産会社に査定を依頼し、価格が決められていきます（65ページ参照）。

そして、不動産会社は自社だけでは買い主を見つけることができない場合も多く、いろいろな不動産会社に情報を公開します。その情報公開先として、「**レインズ**（Real Estate Information Network System）」という情報ネットワークがあります。

このレインズは国土交通省から指定を受けたオンライン機関です。

このレインズに物件を登録すると、それぞれの地方の各不動産会社に対してその新しい物件情報が公開されることになり、各不動産会社はその情報をもとに、自社のお客さまに情報提供をすることになります。

2 売買情報はどこにあるのか
——中古住宅市場の仕組み❷

大手でも地場の不動産会社でも情報量に差はない

中古住宅を買おうと思ったとき、「大手の不動産会社に行くべきか、それとも地場《じば》の不動産会社に行くべきか」迷うこともあるでしょう。

結論から言いますと、「よい情報は大手にある。いや、地場の業者にこそある」ということはありません。

なぜなら、前項で紹介したレインズなどはオンラインで情報が公開されているので、基本的にすべての会社が中古物件の情報を均等に持っているのです。したがって、大手であろうと地場の業者であろうと情報量に差はありません。

ただし、オンライン上に登録されている情報以外に、不動産会社が個人的に持っている人脈ネットワークの中に貴重な情報がひそんでいる可能性があるため、やはり一番大切なのは不動産会社を味方につけることになります。

不動産探しのパートナーとして信頼できる不動産会社を見つけ、その会社に自分の希望をきちんと伝え、その会社が親身に探してくれるという流れを作りあげることが重要です。つまり、「どの不動産会社に行けばよい情報が得られるのか」という視点は正しくないとも言えるのです。

媒介契約のちがいを知っておこう

不動産会社が売り主から売却の依頼を受けると、その会社はレインズに登録する義務が生じます。ただしこの登録義務には、売り主が中古住宅の売却を依頼するさいに不動産会社と結ぶ「媒介契約」（媒介＝仲介と同じ意味）が関わってきます。

媒介契約には「一般媒介」「専任媒介」「専属専任媒介」の3種類があります。一般媒介では、売り主が複数の不動産会社に売却を依頼することが可能です。専任媒介は、1社の不動産会社のみに売却を任せる契約になります。専属専任媒介では、その不動産会社に任せる度合いがより強くなります。

つまり、大きく分けると**売却の依頼を複数の不動産会社に任せる一般媒介**と、**1社に任せる専任媒介・専属専任媒介**となります。

一般媒介の場合は複数の不動産会社に売却依頼ができるため、契約を結んだ不動産会社はレインズへの登録義務を負いません。

一方、専任媒介は1社だけに任せられているので、その会社が情報を開示しなければ売り主が不利益をこうむる可能性があります。「自社だけで売りたいのでほかには情報を流さない」という恐れがあるわけです。

したがって、専任媒介契約を結んだ不動産会社は必ずレインズに登録せよと法律で決められています。売却物件の情報が多くの購入希望者に伝わるように、不動産会社は情報開示をしなければいけないのです。

媒介契約により不動産会社の扱いが変わる

一般的に不動産会社は、売り主に対して専任媒介契約を希望します。その理由は仲介手数料にあります。仮に３０００万円で売買契約がまとまると、仲介手数料は３％の90万円となります。

専任媒介を得た不動産会社Ａが自社で買い主を見つけられなくても、レインズに登録して別の不動産会社Ｂが買い主を見つけて契約が成立したとします。この場合、Ａ社は「片手契約」（34ページ参照）として売り主から手数料を受け取ることができます。

専任媒介を結んであれば、どの不動産会社が買い主を見つけてきても、売り主からの仲介手数料を必ず得ることができるため、不動産会社は専任媒介を希望するのです。

中古住宅のオーナーである売り主にすれば、専任媒介であろうとレインズに登録する義務がありますので、情報は必ず公開され、不利になるわけではありません。
人間の心理面から言うと**専任媒介の業者は比較的、その物件のことや周辺情報を熱心に調べて、一生懸命に扱います**。なぜなら、最終的に必ず自社を通して契約がまとまると考えているからです。

一方、一般媒介の場合は、いくら売り主のために一生懸命に営業活動をしたところで、売り主がほかの不動産会社を通して買い主と契約してしまった瞬間に1円にもならず、「はい、さようなら」となってしまう可能性もあります。

不動産会社にすれば一般媒介で任されると、営業活動が浅くなりがちなのは否めないでしょう。専任媒介の不動産会社は「この物件は専任媒介で扱っているので、売り主さんからすべての情報をいただいています」と営業トークをしやすくなります。

このように中古住宅には売り主と不動産会社との間に複数の媒介契約があり、それにより不動産会社の物件の扱い方も変わってきたりします。

3 価格交渉しやすい物件

——中古住宅市場の仕組み❸

3種類の販売価格が混在している

不動産会社が売り主と販売価格を決めるさいには、売却に要する期間に応じて大きく3つに分けて検討します。

①「早急に現金化したい物件」②「3カ月程度の時間をかけてもよい物件」③「それ以上時間がかかってもよい（6カ月程度）物件」です。つまり中古住宅の販売価格には、この3種類が混在しているわけです。

価格交渉の面から考えれば、当然、**①「早急に現金化したい物件」**は交渉しやすくなります。そこで、気に入った物件については不動産会社に、なぜその物件が売りに出されたのか、売却理由を聞いてみましょう。通常、売却理由は買い換えが多いでしょうから、買い換え先がどうなっているのかも聞きます。

買い換え先が新築で建築中、完成は半年先となれば価格が下がることは少ないかもしれません。一方、完成済みであれば下がる可能性は高いでしょう。

このように**売却理由を探ることが、価格交渉の足がかり**になります。

不動産会社に売却理由を聞けば、購入してもよい物件と判断した検討段階であれば、不動産会社も個人情報にふれない範囲で答えてくれます。

やたらと価格交渉することは避けたい

価格交渉であまり望ましくないのは、「あの物件が4000万円なので、こっちは3500万円になりませんか」などと、近くにあるほかの物件と比較した交渉です。

物件によって土地と建物、それぞれの価値がちがいます。それに、中古住宅はオーナーが個人であることがほとんどで、商売でやっているわけではありません。そのため、「あそこの物件と価格を比較されても……」と気分を害することがあるからです。

また、やたらと価格交渉をすることは避けたほうがよいでしょう。

たとえば「100万円引いてください」と言うことは、中古住宅のオーナーに対して「100万円を捨ててください」と言うのと同じです。個人であるオーナーにとって、100万円はかなりシビアな金額です。

中古住宅というのは、それなりに意味のある販売価格がつけられていると考えれば、あまりに大幅な価格交渉で心証を悪くするのは避けたほうがよいと言えます。

法外な価格がつけられた中古住宅はほとんどない

一般的に中古住宅に法外な価格がつけられていることは、ほとんどありません。近隣の物件に比べて高いとすれば、それには理由があるはずです。

建物に価値があり、しっかり耐震性も担保されている。あるいはローンの残額が多額で、これ以上は下げることができない場合などです。4000万円のローンが残っていれば、3500万円にすることは難しいでしょう。

また、**その物件がいつから売りに出ているのかもひとつの目安**になります。

家を売却することは売り主にとって、とてもストレスのかかることです。毎週毎週いろいろな人が内覧に来たり、あるいは近隣の方にも売りに出していることを知られるでしょう。

そうした中、その物件が市場に出ている期間が長いとすれば、心理的にも価格条件的にもある程度の交渉に応じようという可能性が高くなるからです。

4 「購入申し込み」から「引き渡し」まで

――中古住宅市場の仕組み❹

不動産購入申込書を書くときの注意点

自分の満足できる物件が見つかると、「不動産購入申込書」に記入します。この申込書を不動産会社を経由して売り主に提出し、申込書に記載された条件が売り主の条件と合致すれば、次は売買契約に進みます。

注意すべき点は、**買い主がオーナー（売り主）と条件を具体的に交渉できるのは、このときが最初で最後**になることです。

自分の希望、たとえば、一番重要な購入価格、引き渡し時期、そして引き渡し条件です。引き渡しまでに測量を終えてほしい、室内をクリーニングしてほしい、置いていってほしいエアコンや棚の指定などがあります。また、瑕疵担保責任（17ページ参照）などについても、しっかり伝えなければなりません。

瑕疵担保責任については売り主が不動産会社の場合、引き渡し後、新築住宅であれば10年間、中古住宅なら2年間と法律で決められています。しかし、売り主が個人の場合はその定めがありません。

そのため、瑕疵担保責任が引き渡し後3カ月のケースもあれば、免責でまったくないこともも、あるいは6カ月のこともあります。

この**瑕疵担保責任の期間についても、不動産購入申込書に記入する時点で、自分の希望を伝えてください。**
マンションに比べて戸建ての場合は、住み始めてみると雨漏りや土台の腐食などが、あとで発覚することがよくあります。「最低3カ月は瑕疵担保責任の期間がほしい」のなら、そのように交渉をしてください。

ローンの審査が組めれば引き渡し

これがまとまると、次は売買契約です。売買契約を結ぶ場合には、必ず手付金を支払います。手付金の金額は、売買代金の10％が目安と考えてください（91ページ参照）。

住宅を購入するさいには、融資を受ける買い主が多いため、売買契約を結んだ後に融資の審査があります。契約前に審査を受けてローンの感触をつかんでから、契約を結ぶケースもあります。

物件見学から引越しまでの流れ

物件見学

建物チェック・リフォーム見積り ―― 契約後にかかる費用の算段やリスクは、時間をかけてきちんとチェックする。

購入申し込み ―― この段階が、売り主と買い主の唯一の交渉の場。お互いに納得のいく条件交渉をめざす。

売買契約 ―― 契約時には手付金が必要。

融資申し込み ―― 通常は購入後に融資の審査をする。場合によっては購入前のケースもある。融資が否決された場合の保全措置「ローン特約」をチェックしておく。

承認 ―― あとは、引き渡しを待つのみ。購入条件がきちんと守られているかチェックする。

引き渡し・所有権移転 ―― 物件残代金を支払い、買い主名義へ所有権の移転を行う。

引越し

中には売り主の事情から、契約後にローンが組めずに契約破棄となっては困るので、契約前にローンをあたってほしいと言われる場合もあります。

ほとんどのケースは契約後にローンをあたり、その審査の期間が2週間から3週間はかかります。ローンが組めれば、引き渡しとなります。

引き渡しのときに残金を支払い、その日のうちに不動産登記の名義変更を行います。残金を支払うのと同時に、自分の権利として名義変更をするわけです。

そして、いよいよ引越しとなります。

Column

手付金の妥当な額は？

住宅を購入するさい、ふつう「手付金」を払います。その金額の目安についてお話ししましょう。

売買契約のさい、買い主から売り主に支払われる手付金。このお金は、最終的には残金の一部に充当されますが、実は売買契約の時点での手付金の額が重要です。

売買契約書には必ず「手付解除」という項目があります。契約を結んでも手付金を放棄すれば、契約をやめることができるのです。契約をしても、手付金の額が少ないと、売り主・買い主の双方とも契約をキャンセルしやすくなります。

たとえば、手付金を100万円とします。

買い主は、支払い済みの100万円を放棄すれば、契約を破棄することができます。

売り主は、契約を結んだ後、より高額で買いたいという買い主が現れれば、100万円を初めの買い主に返却し、さらに同額の100万円をペナルティとして支払えば、理由のいかんにかかわらず、いつでも契約をやめることができます。

つまり、買い主としては欲しい物件が見つかって契約を結んだのに、手付金が少ないと売り主の都合でキャンセルされる可能性が高くなるのです。

売り主・買い主の双方の信頼関係を構築するためにも、ある程度の金額の手付金を入れるのが、一般的な慣習となっています。目安としては、売買代金の10%と考えればいいでしょう。

5 登記簿でわかるリスク

——売買契約のチェックポイント❶

不動産登記簿は必ず確認する

売買契約を結ぶにあたっては、いろいろチェックすべき点があります。それらを順次解説していきますが、まず不動産登記簿は必ずチェックしてください。

不動産登記簿は誰でも手に入れることができます。法務局の登記所に行けば自分でも取れますが、ほとんどの場合は不動産会社に言えば、事前に確認させてくれるでしょう。

不動産登記簿の確認で注意すべきケースは、売買金額よりもローンの残額が多い場合です。登記簿には借入金があれば、その借入金額が記載されています。

たとえば、売り主がこの物件を担保に4000万円を借り入れていて、ローンの残額は不明、売買代金が3000万円とします。すると、3000万円を売り主に渡しても4000万円の抵当権は抹消されません。もし、ローンの残額が3000万円以上あれば、足りない分は売り主が自分のお金で補填しないと抵当権は外れません。**売買金額より抵当権が高い場合は要チェック**です。借り入れからある程度の期間が過ぎている場合は、残額がどれくらいあるのか確認してください。

不動産登記簿をしっかりチェックする

郵便物が届く住居表示とはちがうので注意

土地の用途（田・畑などの過去の用途もわかる）

現在の登記上の所有者。登記をせずに、実際はちがう場合もあるので要注意！

表題部（土地の表示）	調製		不動産番号	○○○○○
地図番号		筆界特定		
所在	○○区○○三丁目			
①地番	②地目	③地積m²		原因およびその日付（登記の日付）
○○○番○○	宅地	100	○○	○○○番○○から分筆過 （平成22年6月30日）

権利部（甲区）（所有権に関する事項）			
順位番後	登記の目的	受付年月日・受付番号	権利者その他の事項
1	共有者全員 特分全部移転	平成22年6月10日 第○○○○○号	原因　平成22年6月10日売買 所有者　○○区○○○○ 株式会社○○商事 順位２番の登記を転写 平成22年6月29日受付 第○○○○○号

権利部（乙区）（所有者以外の権利に関する事項）			
順位番後	登記の目的	受付年月日・受付番号	権利者その他の事項
1	根抵当権設定	平成22年6月10日 第○○○○○号	原因　平成22年6月10日設定 限度額　金5,800万円 債権の範囲　信用金庫取引　手形 債権　小切手　債権 債権者　○○区○○○○ 株式会社○○○○ 根抵当権者　○○区○○三丁目 ○○番○号 ○○信用金庫 順位16番の登記を転写 共同担保　目録（ゆ）第○○○○ 平成22年6月29日受付 第○○○○○号

これは登記登録に記録されている事項の全部を証明した書面である。

平成23年1月25日
東京法務局○○出張所　登記官　山田太郎

整理番号○○○○○（1/1）

登記名義人は金融機関からお金を借りているということ

この登記簿をいつ入手したか？最新のものかをチェック

誰がどこから、いくら借りたのかが記載されている。現時点の残高とはちがうので注意

共同担保となっている場合の注意点

また、不動産登記簿に「共同担保」とある場合も要注意です。

4000万円借り入れている場合、その物件だけで4000万円を借りているのではなく、ほかの不動産も担保に入っているケースもあります。つまり、2つの不動産を合わせて4000万円を借りているわけで、この場合が共同担保となります。

共同担保となっている場合は、その不動産以外の不動産も担保として借り入れていることが想定されます。この物件の**共同担保が外れるのかどうか、不動産会社に確認する必要**があります。

万が一、売り主にこれから確認すると言われたり、まだ確定されていない場合には、手付金がきちんと保全されるような方法を不動産会社と相談してください。

抵当権が外れなければ、その不動産を自分の所有物とするわけにはいきません。抵当権が外れるかどうかは、登記簿を確認することである程度、見えてきます。

「この売り主さんは昔からの知り合いだから大丈夫」と契約を進める昔ながらの不動産会社が皆無ではありませんので、気をつけてください。

6 売り主の確認
――売買契約のチェックポイント❷

所有者が複数いる場合は注意

不動産は、相続した物件を兄弟で所有しているなど、共同で所有しているケースもあります。その場合、売却価格に関して所有者全員の賛成が得られていないこともあります。たとえば、契約の場には所有者を代表してひとりが来ます。「全員ＯＫしているので大丈夫」と言うので契約を結んだのに、後で承諾していなかった人がいたこともあります。

また最近多いのが、ご主人が亡くなって奥さんと子どもたちが相続したものの、奥さんが認知症気味で売却の意思が確認できないというようなケースです。ただし、登記には司法書士が関わりますので、そうしたリスクはある程度担保できます。

契約の破棄というトラブルを防ぐためにも、売り主が複数の場合は不動産会社を通して事前チェックをしてください。そして、**契約のさいに所有者全員が揃わない場合は、最低限、実印が捺印された委任状を提出**してもらいます。

共同所有者が遠方にいるなどの理由で、意思確認ができていない場合もありますので、チェックを怠らないでください。不安な場合は不動産会社に相談しましょう。

7 ローンを借りるとき
——売買契約のチェックポイント❸

希望額が借りられなかったら白紙にできる契約に

ローンを借りる場合には**「ローン特約」を必ず確認**してください。これは万が一、ローンが組めない場合には契約を白紙に戻すことができるというものです。手付金もペナルティなく、全額返ってきます。

この特約は基本的にほとんどの契約に入っていますが、念のため確認が必要です。

たとえば、ローンで4000万円借りたかったのに3500万円しか借りられなかった場合も、本人の責任ではありませんので、契約をやめることができます。

これは、新築住宅でも中古住宅でも同じです。

また、この特約には一定の期日が定められています。その期間内にローンが組めないと判明した場合には、速やかに書面をもって解約を申し入れなければなりません。期日を過ぎてしまうと、この特約が無効になる場合もありますので、注意が必要です。

8 瑕疵担保責任について

——売買契約のチェックポイント④

免責になっているケースは注意

87ページでも触れたように、瑕疵担保責任とは、物件の引き渡し後に売り主が担保責任をどれだけの期間負うか、です。

新築住宅ならば10年間の瑕疵担保責任が法律で義務づけられていますが、中古住宅の場合は、売り主（個人）の意向と買い主の希望によって決められます。通常は2～3カ月から6カ月程度が多いのですが、**注意したいのは瑕疵担保責任が免責となっているケース**です。

免責になるのは、建物の劣化がひどく、土地価格のみで売却金額が決められている場合や、売り主が破産しているなどで責任が負えないような場合です。この場合、購入の前か、引き渡しを受ける前にホームインスペクションを入れて確認させてもらう必要があります。

中古住宅の不具合はすでに出ていることが多いので、瑕疵担保責任の期間を長くしてもらうよりも、事前にホームインスペクションを行うことのほうが大切です。

9 「付帯設備表」と「物件状況確認書」

――売買契約のチェックポイント❺

あとあとのトラブルを防ぐために

中古住宅には、売り主が現状について報告する「物件状況確認書」が必ずついていま す。ここで、責任の所在をできるだけ明確にしておきましょう。

中古住宅の売買では、売り主が住んでいる状態の物件を見に行くことが多くなります。そのさい、エアコン、棚、照明などが買い主に引き渡されるのかはっきりしません。

こうした細かい設備品は、何が引き渡しを受け、何が引き渡しを受けないのかを契約の段階で明確に書面に記入してもらいます。これが「付帯設備表」で、あとあとトラブルが起こるのを防ぎます。

また同時に「物件状況確認書」によって、過去に雨漏りがあったなどの状況、近隣との人間関係などを伝達事項として、売り主に記載してもらいます。この内容に虚偽があれば、契約条項違反となります。

ただ、あるべき設備がない、というのはわかりやすいのですが、問題になるのが瑕疵をめぐるトラブルです。

物件状況確認書（告知書）ご記入にあたって

不動産について「隠れた瑕疵」がある場合には、売主は無過失責任を負うことになっていますが、売主が「隠れた瑕疵」を知っていて告げない場合は、さらに深刻なトラブルをまねくことになります。国土交通省では宅地又は建物の過去の履歴や隠れた瑕疵など、売主や所有者しかわからない事項について、売主からの告知書を提出することにより、将来の紛争の防止に役立てることが望ましいと指導しています。

ご記入をお願いします。

	項　目	状　況
建物	①雨漏り	天井からのものだけでなく、外壁やサッシ取付部分等からの吹き込みやシミがある場合も記入してください。
	②白蟻被害	売買対象の建物、敷地内の物置、建物周辺部の植木等も含めて記入してください。
	③建物の瑕疵（傾き・腐食・不具合等）	建物全体の傾き、部分的な傾き、木部の腐食（特に浴室・洗面所・台所等の水回りに留意）、サビ（ベランダ等の鉄製部分等）、建築部材（ホルムアルデヒド等）、その他不具合を記入してください。
	④石綿使用調査結果	石綿を使用しているかどうかの調査結果があるか否か。その内容としては、調査日、調査の実施者、調査の範囲、石綿の使用の有無及び使用箇所について記入してください。その他石綿に関する情報があれば建物の「備考欄」にご記入ください。
	⑤給排水施設の故障・漏水	配管等の割れ・水漏れ、赤サビ水・濁り・詰まり等、給排水関係の不具合を記入してください。
	⑥新築時の建築確認済書・設計図書	新築時の建築確認済書、設計図書の有無。新築に係った建設業者、不動産取得時に係った不動産流通業者を記入してください。
	⑦住宅性能評価	新築又は既存住宅の住宅性能評価を受けているか否か。
	⑧耐震診断	以下の耐震診断の結果があるか否か。 ・地方税法・租税特別措置法に定める「耐震基準適合証明証」 ・住宅品確法に定める「住宅性能評価書」（含む平成13年国土交通省告示第1346号別表2－1の1－1耐震等級に係る評価を受けたもの） ・指定確認検査機関、建築士、登録住宅性能評価機関、地方公共団体が作成した耐震診断結果 その他耐震診断の情報があれば建物の「備考欄」にご記入ください。
	⑨増改築・修繕・リフォームの履歴	壁や柱の撤去・移動等の増改築・間取り変更を行っている場合は、耐力構造に影響を及ぼす可能性があるので、特に留意してください。
土地	⑩境界確定の状況・越境	境界に関する取決め書や隣地との共有塀の有無や管理方法等、境界について引継事項がある場合に記入してください。また、屋根や塀、フェンス、塀、樹木等の隣地への越境あるいは隣地からの越境、道路への越境がある場合にも記入してください。
	⑪土壌汚染の可能性	土壌汚染調査等の状況、土壌汚染等の瑕疵の存否又は可能性の有無、過去の所有者と利用状況、周辺の土地の過去及び現在の利用状況を記入してください。
	⑫地盤の沈下、軟弱	地盤が弱い（当該土地が以前に水田や池、沼等であった場合等が考えられます）場合や、建物建築に当たって通常よりも強固な基礎が必要である場合は記入してください。また売買物件の地盤が現実に沈下している場合は、その場所と状況についても記入してください。
	⑬敷地内残存物（旧建物基礎・浄化槽・井戸等）	旧建物基礎や浄化槽及び建築廃材（いわゆる「ガラ」等の残存物）、撤去費用を要する不用物がある場合に記入してください。
周辺環境	⑭騒音・振動・臭気等	一般的な観点から判断して気になると思われるものについて記入してください（道路・電車・飛行機・工場・店舗等によるものが考えられます）。
	⑮周辺環境に影響を及ぼすと思われる施設等	一般的な観点から判断して気になると思われるものについて記入してください（ゴミ処理場、暴力団事務所、火葬場等が考えられます）。
	⑯近隣の建築計画	売買物件に影響を及ぼすと思われる近隣の建築計画があれば記入してください。
	⑰電波障害	テレビ等の電波に障害がある場合に記入してください。
	⑱近隣との申し合わせ事項	近隣地域（自治会・町内会等）での協定や取決め（ゴミ集積場所、自治会・町内会費等）で特に買主に引き継ぐべき事項を記入してください。
	⑲浸水等の被害	床上・床下等を問わず、浸水の事実について、また周辺地域が浸水の多い地域であればその事実も記入してください。
	⑳事件・事故・火災等	売買物件やその近隣での自殺、殺傷事件等の心理的影響があると思われる事実があれば記入してください。また、火災についてはボヤ等についても記入してください。
㉑その他売主から買主へ引継ぐべき事項		表記列挙項目の補足説明や、列挙項目以外（近隣とのトラブル等）で、買主に説明すべき事実があれば記入してください。

確認書があっても、最終的には自己責任

たとえば、「過去に雨漏りを発見していますか」という項目に、売り主には「発見していません」と答えてもらうようになっています。

「（雨漏りが）ない」ではなくて、「発見していません」なのです。「ない」とは断言していません。

また、「近所に短期間に新しい建物が建つ計画を知っていますか」という質問に対しても、「知りません」ということになるので、「知らないものは知らない」となります。

したがって、「物件状況確認書」があってもすべて安心というわけではありません。最終的には売り主責任と同時に、買い主責任という自己責任が問われます。自分の身は自分で守る意識を持つ必要があります。

万が一、売り主が物件状況確認書に嘘の記載をした場合などは、のちに修復してもらえる可能性もあります。

付帯設備及び物件状況確認書（告知書）付帯設備表

主に生活上必要な設備機器について、売り主が引越していくさいに何を置いていき、何を持っていくのか明確にしてもらいます。また、買い主が持っているものと重複するものなどは、売り主に取り外して持っていってもらうことも交渉しましょう。

付帯設備及び物件状況確認書（告知書）（物件名：　　　　　）

表１－１　付帯設備表本物件は、下記の付帯設備が現況のまま引き渡しされます。
付帯機能には、(　)内に該当する項目は○を記入し、設備の有無にチェックをしてください。

付帯設備			付帯機能	設備の有無	備考
水まわり部門	キッチン関係	流し台		□有・□無・□撤去	
		換気扇		□有・□無・□撤去	
		ガス（オーブンレンジ）		□有・□無・□撤去	
		ガステーブル	（電気・ガス）	□有・□無・□撤去	
		ビルト・イン食器洗浄乾燥機（※注２）	（電気・ガス）	□有・□無・□撤去 ↓ 特定保守製品の表示 □有・□無	
		ガス湯沸かし器（個別）（※注２）		□有・□無・□撤去 ↓ 特定保守製品の表示 □有・□無	
				□有・□無・□撤去	
				□有・□無・□撤去	
	浴室・洗面設備関係	給湯器（※注２）	（電気・ガス・石油・太陽熱）	□有・□無・□撤去 ↓ 特定保守製品の表示 □有・□無	
		浴室設備一式	シャワー	□有・□無・□撤去	
			風呂がま	□有・□無・□撤去 ↓ 特定保守製品の表示 □有・□無	
			追炊き	□有・□無・□撤去	
			保温	□有・□無・□撤去	
			浴室内乾燥（浴室内乾燥機）（※注２）	□有・□無・□撤去 ↓ 特定保守製品の表示 □有・□無	
		洗面設備一式	洗面台	□有・□無・□撤去	
			鏡	□有・□無・□撤去	
			シャワー	□有・□無・□撤去	
			コンセント	□有・□無・□撤去	
			くもり止め	□有・□無・□撤去	
				□有・□無・□撤去	
				□有・□無・□撤去	

※注１　使用不可の場合は備考欄に「使用不可」と記載
設備の有無有－該当設備有り無－該当の設備無し撤去－売主が撤去する（あるいは別途有償で譲渡する）

付帯設備及び物件状況確認書（告知書）物件の状況

雨漏りや白蟻被害など、住んできた売り主しか知らない建物の状況や、近隣関係や周辺環境など売り主が知り得る情報を記載してもらいます。売り主がこれに嘘の記載をした場合などは、のちに修復させることもできます。

表２　物件の状況　本物件は通常の経年変化によるほか、下記の通りの状況。

	項目	状況
建物	①雨漏り	□現在まで雨漏りを発見していない。 □過去に雨漏りがあった。箇所：修理工事：未・済 昭和・平成　年　月頃 □現在雨漏り箇所がある。箇所：
	②白蟻被害	□現在まで白蟻の被害を発見していない。 □白蟻予防工事：未・済昭和・平成年月頃 □過去に白蟻の被害があった。箇所： 駆除と修理工事：未・済 昭和・平成　年　月頃 □現在白蟻の被害がある。　箇所：
	③建物の瑕疵（傾き・腐食・不具合等）	□発見していない・□発見している 箇所・状況：
	④石綿使用調査結果の記録	□無 □有　調査年月日：　年　月　日 調査の実施機関： 調査の範囲： 石綿の使用の有無及び石綿の使用箇所：
	⑤給排水施設の故障・漏水	□発見していない・□発見している 箇所・状況：
	⑥新築時の建築確認通知書（確認済書）・設計図書	建築確認済書：□有・□無　設計図書：□有・□無 建設業者・宅建業者：
	⑦住宅性能評価	□無・□有（□新築・□既存　平成　年　月）
	⑧耐震診断	□無・□有（書類名：　）
	⑨増改築・修繕・リフォームの履歴	□知らない・□知っている（　年　月頃） 箇所・内容： 建設業者： 建築確認済書：□有・□無　設計図書：□有・□無
	備考：	
土地	⑩境界確定の状況・越境	
	⑪土壌汚染の可能性	・敷地の住宅以外（店舗・工場等）の用途での使用履歴 □知らない・□知っている（　年　月頃．用途：　）
	⑫地盤の沈下、軟弱	
	⑬敷地内残存物（旧建物基礎・浄化槽・井戸等）	
	備考：	
周辺環境	⑭騒音・振動・臭気等	□知らない・□知っている 状況：
	⑮周辺環境に影響を及ぼすと思われる施設等	□知らない・□知っている 状況：
	⑯近隣の建築計画	□知らない・□知っている 概要：
	⑰電波障害	□知らない・□知っている 程度：
	⑱近隣との申し合わせ事項	
	⑲浸水等の被害	□知らない・□知っている 時期・程度：
	⑳事件・事故・火災等	□知らない・□知っている 概要：
	備考：	
㉑その他売主から買主へ引継ぐべき事項		

平成　年　月　日

本物件の付帯設備及び状況が上記の通りであることを売主は、買主に告知しました。

<売主>　住所・氏名　㊞

上記の通り、売主より告知を受けました。

<買主>　住所・氏名　㊞

10 引き渡し条件について

——売買契約のチェックポイント❻

引き渡し条件とは、物件をいつ、どういう状態で引き渡してほしいのかを契約のときにきちんと定めておくことです。あとで、言った言わないというトラブルにならないよう、明確にしておくことが重要です。

買い換えに伴う売却物件は特に注意

また、買い換えに伴う売却物件を購入するときは、より注意が必要となります。

売り主が買い換えのために家を売却した場合は、売り主は、その売却資金で次の買い換え物件を購入します。そのさい、買い換え先が完成している場合はさほど問題にはなりませんが、もし未完成であったり、これから着工する場合などは、完成する時期が何カ月も先になることがあります。

当然、売却物件を購入するほうも、その完成を待つことになります。前もって、別の賃貸物件に引越してくれる場合は別ですが、通常では完成時期に合わせた引き渡しを希望してくるでしょう。

ローンの金利が変わることも

もちろん、そこは気に入った物件ですので、ある程度は譲歩して契約を結ぶことになるのですが、問題は融資を受ける場合、金利が変わる可能性があることです。

銀行融資を受ける場合には、申し込み時の金利でいつでも借りられるわけではありません。通常は、「実行金利」と言って実際に融資を受ける月の金利が適用されるのです。

したがって、**あまりに引き渡しが先の場合には、金利が上がってしまい、当初計画していた支払い金額と変わる可能性がある**ことを考慮しておく必要があります。かしこくローンを借りる方法については、7章で詳しくご紹介します。

引き渡しの条件をきちんとチェックして、予想されるリスクをどう担保するのかを確認してください。

Column

売買契約でチェックしたい「反社会的勢力の排除」

全国地方公共団体により暴力団排除条例が施行されたことを受け、不動産取引でも反社会的勢力の排除が求められるようになっています。

平成23年６月以降、不動産流通４団体では警察庁と国土交通省の支援のもと、売買契約書などの反社会的勢力排除のための標準モデルの普及を図っています。

その内容に関する主旨は、次のようなものです。

①あらかじめ契約当事者が反社会的勢力でない旨等を相互に確約する。
②契約後において取引の相手方が反社会的勢力であったことが判明した場合や反社会的勢力の事務所等に供された場合に、契約の解除等、速やかに反社会的勢力の排除の対応ができるよう定める。

このような社会的背景を踏まえ、この条文を契約書などに入れることにより、より安全な契約を結ぶことができます。

現状では、まだこのことを詳しく知らない不動産会社もあり、契約書に入っていないケースも多くあります。この点も売買契約の時点できちんと確認するようにしましょう。

4章

安全で快適な中古住宅を選ぶコツ

1 「中古住宅を積極的に選択する」という発想

建物は住むための「単なる道具」ではない

私（富田）は建築設計者として長年、新築の建物を設計してきました。

そのさいに、常にクライアントに感じていただきたいと思ってきたのは、「この建物を建築することを心から楽しんでほしい。そして、長いあいだ楽しく使ってほしい」ということです。

建物を住むためだけの「単なる道具」ではなく、長い間、そこで生活をするパートナーとして慈しみ、楽しく使っていただきたいのです。

そのような考え方が根本にあれば、住宅を取得しようという場合に、新しい土地を探し、私のような設計者と時間をかけて、どのような建物を建てるのかを検討し、そしてよい施工者にそれを実現してもらうことが理想となってくると思います。

しかし、誰もが満足できるレベルの新築住宅を手に入れられるわけではありません。

それでは、どうしたら多くの人々に、安く、安心な住宅を手に入れてもらい、しかも楽しく使ってもらうことができるのだろうか。

その思いが、この中古住宅取得のための本を2人の仲間と一緒に執筆するきっかけとなりました。

中古住宅について、建築士からアドバイス

前章までにすでに紹介してきたことではありますが、中古住宅はリフォームやリノベーションによって、より自分の気に入った住まいに変更することができます。

それはつまり、住みたいと思ったけれど都合よく新築が見つからなかった街に、新築よりもずっとリーズナブルな価格で家を買うことが可能になるということです。

そうは言っても、中古物件の耐震性は大丈夫なのか、リフォームやリノベーションでどこまで家をよくすることができるのか、またそれは一体いくらくらいかかるのか……などの心配もあることでしょう。

そこで4章、5章では建築士としての立場から、安心な物件（建物）の見極め方、そして中古住宅をより快適に使うためのリフォームやリノベーションの方法と注意点を紹介していきます。

2 リユース物件の耐久性は大丈夫？

中古物件の構造や耐久性は劣っているのか

中古の建物は新築の建物に比べて、構造面や耐久性が心配という方も多いと思います。はたして新築の建物に比べて、既存の建物は構造や耐久性が本当に劣っているのでしょうか。冷静に考えてみれば、「新築だから安心、中古だから心配」ということは決してありません。

ここでは、設計者として中古住宅（リユース物件）の構造面や耐久性について説明します。

まず、耐震基準に関してです。中古住宅を購入する場合、古い耐震設計で建てられているので耐震性などに不安が残ると考える方も多いでしょう。

日々に、とまでは言えませんが、大きな地震などの災害があるたびに、その経験を生かして建築基準法上の耐震規定は改正されています。だからと言って、**最新の設計基準によって建てられた建物でなければ安全ではないのかというと、必ずしもそんなことはありま**

せん。

そこで、日本における耐震基準の変遷から、地震についての安心度について説明します。

1983年以降の建物は安心感が高い

次ページの表を見ればわかるように、耐震設計法は関東大震災をはじめとして、大きな地震を経験するたびに改正が行われています。実験室で実験することの難しい建築物の場合、いわば耐震設計は経験則に頼っていると言ってもよいでしょう。

注意していただきたいのは、1981年6月に施行された新耐震基準です。これは1978年の宮城県沖地震の経験や調査などのデータ分析から制定されたもので、耐震設計に対する考え方が抜本的に見直され、すべての構造にわたって大幅な改正がなされています。

この設計法の効果は、その後、1995年の阪神・淡路大震災においても、新耐震基準によって建築された建物の被害が少なかった事例が報告されたことで立証されています。

1995年の阪神・淡路大震災による経験でもいくつかの見直しが行われていますが、基本的な考え方は1981年の新耐震基準の考え方の延長線上にあります。

しかし、1987年の木造3階建ての改正などは、個人的な見解としては改悪となって

日本における耐震基準の変遷

年	主な地震災害	構造設計法の変遷	木造住宅の耐震基準の変遷
1923年 大正12年	関東大震災 M7.9	地震の発生時刻が昼食の時間帯と重なったことから、136件の火災が発生した。加えて能登半島付近に位置していた台風により、関東地方全域で風が吹いていたことが当時の天気図で確認できる。	
1924年 大正13年		市街地建築物法の大改正 耐震規定が法規に初めて盛り込まれる。 地震力は水平震度0.1を要求。	筋違などの耐震規定が新設された。
1948年 昭和23年	福井地震 M7.1	福井平野では、全壊率が60%を超えるなど被害は甚大だった。 福井平野の地盤が弱いことと、福井市中心部では人口が密集しており、戦後復興期、建物はバラックが多く、不安定な構造だったためにかなりの建物が倒壊している。	
1950年 昭和25年		建築基準法施行（旧耐震） 許容応力度設計における地震力を水平震度0.2に引き上げた。	床面積に応じて必要な筋違などを入れる「壁量規定」が定められた。 床面積あたりの必要壁長さや、軸組の種類・倍率が定義された。
1959年 昭和34年		建築基準法の改正 防火規定が強化された。	壁量規定が強化された。
1968年 昭和43年	十勝沖地震 M7.9	RC短柱の破壊、偏心の問題	
1971年 昭和46年		建築基準法施行令改正 十勝沖地震の被害を踏まえ、RC造の帯筋の基準を強化した。	基礎はコンクリート造または鉄筋コンクリート造の布基礎とすること。 風圧力に対し、見附面積に応じた必要壁量の規定が設けられた。
1978年 昭和53年	宮城県沖地震 M7.4	ブロック塀の倒壊、1960年代に造成された新興住宅街の地盤崩壊、液状化現象が発生し、ビルの倒壊や傾斜・一般家屋倒壊など建築被害が甚大であった。1981年の建築基準法の改正につながった。	
1981年 昭和56年		建築基準法施行令大改正　新耐震設計基準 耐震設計法が抜本的に見直され耐震設計基準が大幅に改正。 新耐震設計基準による建物は、阪神・淡路大震災においても被害は少なかったとされている。	壁量規定の見直しが行われた。 構造用合板やせっこうボードなどの面材を張った壁などが追加され、床面積あたりの必要壁長さや、軸組の種類・倍率が改定された。
1987年 昭和62年		建築基準法が改正され、準防火地域での木造3階建ての建設が可能となる。	準防火地域において木造3階建ての住宅の建設が解禁。
1995年 平成07年	阪神・淡路大震災 M7.3	建築基準法が改正された1982年以降に建築された物件の被害が少なかったことが報告されている。 結果的に、改正された建築基準法の有効性が証明されることになった。 倒壊して死者の出た住宅は1982年以前の建築物件で、当時の建築基準法により設計されていて耐震性が弱かったとも言える。	
2000年 平成12年		建築基準法改正 住宅の品質確保の促進などに関する法律。	地耐力に応じた基礎構造が規定され、地耐力の調査が事実上義務化。 構造材とその場所に応じて継手・仕口の仕様を特定。 耐力壁の配置にバランス計算が必要となる。

います。これは、基本的に狭小地での木造3階建て住宅やハウスメーカーの3階建てを可能にするという改正ですが、構造的には多少無理のある考え方だと思います。

このような例もありますが、結論としては、**1981年6月の新耐震基準による建物（1982年から83年以降の竣工）は、マンションの場合も戸建ての場合も、地震に対してほぼ安全**であると大きくとらえてよいかと思います。

耐震性は、地盤やメンテナンスによって変わる

その後、2005年の耐震偽装問題などがあり、建築確認審査のあり方などが大幅に見直されています。実際に新築工事の設計・監理に携わっている身からすれば、手続き上の煩雑さは増していますが、本質的な部分はほとんど変わっていません。

基本的には、建物の品質は設計者や施工者の技術力やモラルによるところが大きく、審査や検査によって最低限の基準が担保されるにすぎないと考えたほうがよいと思います。

つまり、しっかりしたモラルのある設計者や施工者によって施工された建物であれば、この問題以前でも以降でも、基本的に変わりはないと考えてよいでしょう。

新耐震基準以降に建てられた建物の構造的な状態は、設計方法よりも、むしろその建物の建っている地盤の状況や各構造設計のやり方、建物の全体的なバランス（不安定な形でないかなど）、竣工後のメンテナンスの状況によって大きく変わってくると考えてください。

3

耐震性（安全性）について

ここでは専門知識がなくてもできる、耐震性やその他の災害に対する安全性のチェックポイントをご紹介します。ただし、ここで述べるのはあくまでも一般論ですので、実際の中古住宅の購入にあたっては専門家のチェックなどを受けることをお勧めします。

その建物の建っている敷地の状況

建物の安全性を見る上で、その建物の建っている敷地の状況は最も重要であると言っても過言ではありません。

川の近くでは水害、高台なら風害、海の近くなら津波や塩害、液状化現象も考慮する必要があります。斜面にある新しい分譲地なら、切り土と埋め土の硬さの差によって起こる不同沈下（建物が不揃いに沈下を起こすこと）も心配です。

専門家でなければ、敷地の状況を見極めることは難しいかもしれませんが、各市長村でハザードマップなどが発行されている場合があります。また、古くからの住宅地であれば、過去の災害の例を調べることも可能でしょう。

建物構造形式による安全性

一般的な建物の構造として、木造在来工法、ツーバイフォー、RC造（鉄筋コンクリート構造）、鉄骨造などがあります。「どの構造が一番安全？」といった質問を受けることがありますが、どんな構造でもその建物の規模（特に階数）や形状、地盤や敷地の状況に適合していることが大切です。

軟弱な地盤であれば、比較的軽量の木造のほうが耐震的に有利であると言えますすし、密集した市街地なら、RC造のほうが火災に対して安心と言えます。

また台風の多い地域も、対風強度の高いRC造のほうが安心と言えるでしょう。

一般的に言えることは、**極端な形の建物には注意が必要**であるということです。

木造の建物であれば、在来工法でもツーバイフォーでも壁の量が構造耐力の基準になります。全体的には壁の量が十分でも、ある一面の壁が極端に少ないとバランス的問題がある可能性があります。南側の開口部の多い部分の壁量などはチェックしてみてください。

また木造3階建ての建物は、基本的には専門家でないとチェックは難しいと思います。瓦葺きなど屋根の重量が重い場合は、より多くの壁が必要となってくることもポイントになります。

木造の基礎形式には、布基礎（コンクリートの帯状基礎）やベタ基礎（底面をすべてコンクリートで作った基礎）が採用されるのが一般的ですが、ベタ基礎のほうが比較的軟弱な地盤にも対応可能だと言えます。また、地盤改良や杭の施工などがなされている場合もあるので、チェックしてみてください。

ＲＣ造や鉄骨造などは、柱の間隔が比較的均等であるかどうか、極端に大きなスパン（柱と柱の間隔）がないか（間隔が６～７ｍ程度まででしたら標準的）などが判断の基準になるかと思います。ＲＣ造や鉄骨造などの重量建築では、基礎の形式はさまざまですが、地盤の状況や必要に応じての地盤改良や杭の施工も重要になるでしょう。

建物の形状による安全性

構造形式にかかわらず、四角形に近い整形の建物は地震や風水害などに対しても、比較的安定していると言えます。

平面形状が極端な長方形やＬ字型だったり、凹凸があるような不整形なものは注意が必要です。立面的に極端に凹凸があるものは、耐震的にも雨仕舞《あまじまい》についても特別な考慮がされていないと心配な場合があります。

木造であれば、形状がシンプルな屋根（できれば軒の出が60㎝以上あるもの）がかかっている整形のもの、ＲＣ造や鉄骨造であれば、矩形《くけい》（長方形）であり窓の並びなどが整っていることなどが安全性の目安になるかもしれません。

災害時の安全性

災害時の避難や救助が容易か、という点も重要です。非常時の避難が支障なくできるか、基本的に2つ以上の避難経路が用意されているか、などを確認しましょう。

具体的には、戸建て住宅の場合は、以下の点をチェックしてみてください。

- **火災時に救助の車などが容易に入って来れるか**
- **2階から階段以外の避難方法（窓から梯子をかけるなど）が可能か**
- **玄関以外の窓などから外に避難できるか**

共同住宅（マンション）なら、以下がチェックポイントとなります。

- **住戸から避難階段までの距離が適正か**
- **複数の避難階段があるか**
- **バルコニーに避難用のハッチが適切に設置されているか**

ちなみに、エレベーターは基本的に避難には使用しないと考えてください。非常用エレベーターが設置されていても、救助や消火活動のためのものなので、避難には使用できません。共同住宅の場合、消防車やはしご車などの緊急車両のアクセスが容易か、という点は、戸建て住宅よりもさらに重要になってくると思います。

4 【「中古住宅は構造的な欠点が見つけにくい」という常識のウソ】

新築物件でも構造的な監理をチェックする方法はない

中古住宅（リユース物件）は構造的な欠点が見つけにくいと考えている方も多いと思います。そこで、一方の新築住宅はどうなのかを考えてみましょう。

新築マンションなどの設計、工事中の監理を日常行っている立場から申し上げれば、構造に100％問題がないかどうかをチェックできるのは、実際にその建物を設計した設計者がきちんと監理をした場合だけと言ってよいと思います。

さらには、構造設計そのものをどのようにしているかという点も重要になります。建築基準法の基準を満たしていても、構造設計そのものの考え方によって建物の構造的な強度は大きくちがってくる場合があります。きちんとした構造設計を行い、設計者がきちんと監理をした場合でも、建設会社の技術力や誠意の問題も大きく関わってきます。技術や誠意のない建設会社に、いくら監理という名目で指導をしたとしても、それを徹底することは非常に難しいのです。

本当の意味で構造的にも安心な建物がほしいのであれば、新築の場合でも、きちんとした設計者に依頼して設計・監理を行い、技術力や誠意の点で信頼のおける建設会社に施工してもらうことが必須なのです。

新築物件であっても、すでに完成してしまっているものでは、構造的な監理がどのように行われていたのかを知る術《すべ》はありません。

仮に私たちのような専門家が新築物件の構造的な意見を求められたとしても、構造計算書や設計図書を確認することはできても、現場でどのような施工をしたのかという点に関しては、実際に現場に携わった設計者や施工者を信用し、できあがった建物の仕上がり具合などから推測するしかないのです。

建物の仕上がりから推測する方法を、下図で少し紹介します。

【仕上がった建物から構造的な欠点を探すコツ】

- □ 外壁の仕上げに、ムラや凹凸、クラックなどがないか
- □ 外壁の窓廻りや伸縮を吸収するための目地シーリングなど、適切な配置と施工がなされているか
- □ 屋根や防水の仕上げにムラや凹凸、クラックなどがないか
- □ 樋や排水ドレインが適切に設定されているか
- □ 雨水の勾配が適切にとられているか（水たまりなどがないか）
- □ 基礎廻りのコンクリートなどに亀裂やムラなどがないか

リユースでも新築でも、チェックの難易度は同じ

このように、新築の場合でも構造上のチェックができるのはごくかぎられた場合のみなのです。そして、すでにできあがっている建物のチェックには限界があり、「覗けるところは覗く」「覗けないところは周囲の状況から判断する」しかありません。

もちろん、設計図書などからその建物をある程度チェックすることは可能です。新築の場合は当然、それらの必要な資料を見ることができますので、その点では有利です。

しかし中古住宅の場合も、**マンションでは管理組合が必要な資料を保存**しているケースも多いでしょう。**戸建てでも、建築確認申請書の内容からチェック**することは可能です。

また木造戸建ての場合は、リフォームやリノベーションの段階で壁の中や小屋裏（屋根裏の空間）・床下などを開けて見ることも可能です。そのさいに必要があれば、構造的な補強をすることは比較的容易なので、新築物件よりもむしろ構造的なチェックはしやすいとも言えます。

このように構造的な安全性チェックのしやすさという点では、中古物件であることのマイナス点は少ないどころか、中古木造戸建てなどの場合はむしろチェックがしやすいとも言えるわけです。したがって、中古であれ新築であれ、構造のチェックの難易度は同じと結論づけてもよいと思います。

5 【中古住宅の経年変化は意外にチェックしやすい】

中古住宅（リユース物件）の経年変化はむしろチェックしやすいことを前項で紹介しました。ここでは、その具体的な理由を説明をしていきます。

「出るべき欠点」はすでに表に出ている

建物の建っている地盤は、時間とともに安定していきます。また地震などによる大きな亀裂が基礎にあるかないかを見れば、地盤に変化があったかを読み取ることができます。

しかし新築では、地盤の状況がどうなっているのかは地盤の調査データ（地質や地盤の想定強度などを表示）から読み取る以外に方法はありません。新築を設計するときは、設計者がこのデータを読み解いて、建物の基礎形式などを決定していきます。

そう考えると、中古住宅の場合は、時間の経過も判断材料にできるという点で、新築よりむしろ安心という考え方もできます。

同じように建物そのものも、時間の経過とともに構造的な弱点があれば変化が起こってくるはずです。そこで、**床に傾斜がなく、建具に建付けの悪いものがなければ、その建物**

躯体《くたい》のゆがみは少ないと考えてよいでしょう。

また中古住宅の場合、構造的な要件以外に関しても、たとえば、**内壁や天井にシミがなければ、雨漏りや結露の懸念がないといった推測も可能**となります。

それに比べて、引き渡されたときは完璧に見える新築の建物は、ある日突然、欠陥が現れる可能性がありうるのです。そして、軟弱地盤による不同沈下（建物が不揃いに沈下を起こすこと）などを予測することも、中古住宅に比べて難しいと言えます。

最近の新築建物は10年の瑕疵《かし》補償がなされていますが、これは建物の重大な欠陥に関してだけです。細かい問題（建具の建付けが悪くなるなど）の補償に関しては、販売者の善意にゆだねられていることも多いので決して安心できません。

しかし、建物の不具合は築後10年を過ぎたあたりから表面化してくる確率が高いのです。

したがって、「出るべき欠点」がすでに表に出ている中古住宅のほうが、むしろ安心できる点も多くある、という見方もできます。

メンテナンスがしっかりしていれば建物の耐久性は高い

そうは言っても、中古住宅は当然、建築されてからそれなりの年月が経っているわけですから、経年劣化が心配になると思います。

一般的に建築物は、メンテナンスさえきちんとしてあれば、価格の評価がなされる耐用年数よりも、耐久性ははるかに高いと考えてよいでしょう。

たとえば築20年の木造戸建て住宅なら、建物の価格はほぼゼロになります。購入する場合には、物件によっては解体費用分だけ土地の価格が安くなっているようなケースもあると思います。しかし実際には、木造住宅でもきちんと手入れをして使えば、30年から40年の間、快適に使用することは十分可能です。

外壁や屋根などがもし少し傷んでいたとしても、ある程度の費用をかければ新築時と同等か、それ以上のものにすることも可能です。

また、マンションの場合には、大規模修繕（おおむね築後10～15年前後）が間近に迫っているものを購入したら、多額の費用がかかると心配される方もいます。しかし、大規模修繕などは修繕積立金の中から支払われるケースがほとんどなので、そのような心配はあまり必要ないでしょう。

マンションの場合は、むしろ管理状況や修繕積立金の金額などのソフト面が、より重要となります。

前項で説明したように構造に重大な欠陥がなければ、**自然の消耗や設備機器の故障などは比較的簡単に修繕やリニューアルが可能**です。

6 建物をチェックする方法

住宅診断のプロが行うチェック方法

中古の建物を購入する場合、建物内容をどのように調べればよいのか、なかなかわからないものだと思います。左ページの下図は実際に中古住宅を購入するときにチェックすべき主な点です。

しかし、これらはプロでなければ、なかなか確認することが難しいものです。

そこで、ここでは日本ホームインスペクターズ協会の調査項目のうち、専門知識がなくてもチェックできる項目を紹介しましょう。

・基礎：基礎の表面にひび割れがないか

建物の不同沈下などの有無がわかります。大きなひび割れ（幅0・5㎜程度以上）がある場合は注意が必要です。

・外壁：外壁の表面にひび割れがないか

目視でチェックすることで、建物の構造に大きな動きがあるかどうかわかります。

・室内の状態：剥れや水染みなどはないか

水染みなどがある場合は漏水や結露の心配があります。

・床：歩いてみて、沈みやきしみがないか

きしみなどがない場合でも、床の傾斜を確認することは重要です。ビー玉を置いて転がるかどうかで判断できますが、床の傾きがある場合は建物の不同沈下や、部分的な荷重によるクリープ（変形）などによる場合もあります。その場合に専門家の調査と判断が必要でしょう。

・床下の状態・屋根裏の状況：木材の著しい割れ、腐朽、虫食い、水染みなどの有無は

これは専門家でなければ難しいかもしれませんが、目視可能であれば、これらを確認することで建物の状態を知ることができます。

このような項目をチェックして気になる点がある場合は、専門家の判断が必要であると考えてください。建物の状態を知るには総合的な判断が必要なのです。

【プロがチェックする主なポイント】

- □ 基礎・地盤に問題はないか
- □ 床下の状況
- □ 屋根の問題
- □ 外壁の亀裂やクラック――表面的なものか、構造的な欠陥につながるものなのか
- □ 床のきしみ――建物全体に影響のあるものかどうか
- □ 防音・断熱性能
- □ 雨染み・結露などの判断
- □ 家の傾き・ゆがみなど
- □ 設備機器の状態
- □ 電気・上下水道・ガス設備などに関して
- □ 法的要件――用途地域、建ぺい率・容積率など、計画道路などの都市計画要件、接道要件など

7 建物そのものよりも管理組合や管理状況が重要

マンションの管理状況のチェックポイント

建物の物理的な診断は、42ページ、73ページで紹介したホームインスペクションなどを利用することにより、ある程度安心することができます。

ただし、実際にその建物に住むにあたっては、建物の物理的な状態とともにマンションであれば管理組合や隣人、戸建てであれば周囲の住人の様子などのソフト面も重要になってきます。

このあたりに関しては、ご自身の五感を研ぎ澄ましてチェックしていく必要があります。

マンションの場合、管理状況は以下のチェックが重要です。

・共有部分の状態

実際に現地で、エントランスや共用廊下がきちんと清掃されているかなどをチェックします。掲示板や集合ポストの周辺が雑然としていたり、共有スペースにゴミが目立つようでは、管理状態に問題があると判断してください。

・掲示板の「お知らせ」からわかること

掲示板のお知らせなどを読んでみると、管理組合の活動状態などがわかります。住人の親睦会や管理組合の活動報告などが貼り出されていれば、管理組合が正常に運営されているひとつの現れと判断できるでしょう。

駐輪場やゴミ置場の様子も、マンションの住人の意識などが読み取れる場所です。駐輪場の自転車の置き方が雑然としていたり、ゴミ置場のゴミがきちんと分別されていなかったりする場合は、マンションの住人の意識があまり高くない可能性もあります。

・管理人にヒアリングする

一般的なマンションでは、日勤か、あるいはある程度のインターバルで管理人が勤務していることが多いと思います。管理形態や勤務体制は広告などの販売文書からもわかりますが、できれば管理人に直接会って話をするほうがよいでしょう。

そうすれば、日常の管理状態がよくわかりますし、住人の様子などもうかがい知ることができるかもしれません。

・**修繕計画に関して**

マンションも築年数が経つにつれて、構造躯体《くたい》や設備などに不具合が生じてくることは避けられません。それを定期的に補修・改修していくためには、長期的な修繕計画がきちんと立てられ、実行されていることが重要です。

そして、修繕計画の内容が具体的で実践的であることも重要になってきます。

・**修繕計画の実行に前向きかどうか**

修繕計画がきちんと立案されていたとしても、それが実行されていなければ意味がありません。なにか大きな問題が起きてから修繕を行うという姿勢では、その費用の扱いなど合意を得るために時間がかかってしまい、処置が遅れることも考えられます。

実際に問題が起きる前に計画通りに修繕やメンテナンスを行っていくことが非常に重要なのです。そして、早めに修繕を行うほうがコスト的にも断然有利になるはずです。

・**積立金の金額は妥当か**

修繕計画を実際に履行していくにあたっては、その費用の積立てが妥当な金額で、過去にきちんと修繕が実行されていることが基本となります。実際の修繕工事の記録や積立金の金額などから、その妥当性や修繕がきちんと行われているかなどは調べられると思います。

修繕積立金が安すぎる物件は、後で修繕積立金の値上げや大規模修繕のさいに高額な一時金が必要になったり、あるいは必要なメンテナンスを十分に行うことができない、などといった問題が発生することも考えられます。

・管理規約の内容

マンションを購入するさいには、管理規約の内容をチェックすることは必須条件です。国土交通省の公表している標準管理規約と比較してみることで、目的のマンションの規約が厳しいものなのかどうかが判断できるでしょう。

中古マンションを購入してリフォームすることを考えているのであれば、当然リフォームに関する規約のチェックが重要になってきます。

専有部分をリフォームする場合のルールや、管理組合に届け出るべき内容なども規約にまとめてあるはずです。特に遮音に関する規定、フローリングに関する遮音等級なども決まっている場合があるので、注意する必要があります。

規約の内容は、実践的かつ具体的であるほうが望ましいと言えます。

管理状態のチェック

□ エントランスや階段など、共有部分の清掃状態の確認
□ 掲示板の確認（古い掲示物が貼りっぱなしは要注意）
□ 自転車置き場、駐車場、ゴミ置き場の確認

管理詳細のチェック

□ 設計図書（竣工図など）の保管の有無
□ 過去の修繕履歴の妥当性の確認
□ 長期修繕計画の有無、あるいは妥当性の確認
□ 総会の定期的開催の有無（年に一度以上）

管理規約のチェック

□ 修繕積立金の金額を確認
□ 管理組合と管理会社の管理委託契約の内容確認
□ 管理会社の具体的な管理内容の確認
□ 事務所、店舗などとしての使用やペットなどの規制確認
□ リフォームに関する規約の確認（リフォームにあたってどの程度の規制があるか）

防犯面のチェック

□ オートロックシステムの確認
□ バルコニーなどへの侵入対策の確認
□ 玄関扉の防犯性の確認（ピッキングが容易なタイプではないか）

不動産会社・施工会社のチェック

□ 仲介不動産会社の姿勢などの確認
□ 物件説明がきちんとなされているか
□ 販売したデベロッパーの確認
□ 施工した建設会社の確認

中古マンション　購入チェックシート

建物① 構造チェック

- □ 耐震設計：1981年6月以降（新耐震設計）の建築か
- □ 基礎形式：杭の施工の有無・長さなどの確認
- □ 主な構造：床スラブの厚さは150mm以上か、壁の厚さは150mm以上か
- □ 床：傾斜の有無（あってはならない）
- □ 外壁：目立ったひび割れ、塗装・タイルの剥れなどの有無
- □ 外壁：鉄筋の露出・錆などの有無
- □ 屋上：屋上の防水層にふくれ・剥れなどの有無
- □ バルコニー手摺など：鉄製であれば、塗装の状態・錆などの有無
- □ 屋外階段：鉄製であれば、塗装の状態・錆などの有無

※特にこの項目で不安がある場合は必ず専門家に相談する

建物② 設備チェック

- □ 給水：蛇口からの水はきれいか（赤水などの有無）
- □ 排水：流れにくくないか、排水時異音（ゴボゴボなど）の有無、臭気の有無
- □ 給湯：給湯器の容量は十分か
- □ 電気：電気容量は十分か（契約容量アップはできるのか）
- □ 換気・排気：レンジーフードや便所の換気扇の吸込などは十分か

建物③ 内装・環境のチェック

- □ ユニットバス・洗面台・キッチンなどは納得できるものか
- □ 遮音性：上下左右の隣戸の騒音の有無
- □ 壁など：水染み・結露の様子の有無
- □ 窓：採光や換気の様子

周辺環境のチェック

- □ 曜日や時間帯を変えて周辺環境の確認
- □ ちがう季節ではどうか、推測してみる
- □ 家族が毎日利用する場所（駅・マーケットなど）までの距離やアクセスの確認
- □ 学校、公園や子どもの遊び場所の確認
- □ 病院などの施設の場所やアクセスの確認

戸建ての場合のチェックポイント

戸建ての場合のチェックポイントは、周囲の住人の雰囲気などが大切になってくるでしょう。

また、都心や大都市では既存の建物と敷地の境界線にあまり距離がない場合も多いでしょう。外壁や屋根を改修するさいには、隣家に足場などの件で協力をいただかなければいけないケースもあるので、特に重要になってくると思います。

ゴミ集積場の場所なども確認しておいたほうがよいでしょう。

周囲に騒音や異臭が発生する施設などはないか、夜の街灯の明るさは十分かなど、昼と夜に最低1回ずつは周囲を見ておいたほうが安心です。

5章

リフォーム&リノベーションでどこまでできる？いくらかかる？

1 中古住宅は必ず「現物」のチェックができる

物件のきれいさより、周囲の環境をチェック

新築物件に比べて、中古物件は必ず「現物」のチェックができるという点に着目してください。もちろん既存の建物ですから、売り主がまだそこで生活していたり、壁や床が汚れていたりします。

物件を見るとあまりきれいではなく、夢がふくらまない場合もありますが、住み続けるうえで重要な要素となる眺望や周囲の環境などは、実際に体験して確認できます。

建物本体や設備などに関しては、すでに述べたように実物を自身で調査したり、念のため、建築士やホームインスペクターに調査依頼をして調べることも可能です。

汚れたり傷んだりしている壁・床の仕上げや設備などは、新しいものに交換したり、修理することができます。

また、間取りに関しては、リノベーションで自分好みの住まいに変えることが可能です。購入後に改装することを決めているなら、実際に購入する前に、依頼しようとしている設計者にどのようなリノベーションやリフォームが可能か相談してみるとよいでしょう。

木造住宅のリノベーション改修例

2章の55ページで、リノベーション住宅とはどのようなものなのか紹介しました。本章でリフォームやリノベーションの例を紹介していくにあたり、ここでもう一度、その定義についておさらいしておきましょう。

みなさんがよく耳にする言葉としては、「リニューアル」「リフォーム」「リノベーション」があるでしょう。

リニューアルやリフォームは建物を時代に合うよう改修し、設備を更新することを意味します。

一方、リノベーションは新しい概念による建物の再構築、建物の価値を高める、建物性能の向上などに重点を置いています。

つまり、リノベーション（Renovation）とは、単に機能を満たすためだけに建物に手を入れるのではなく、そのことによって新しい空間や機能を発見し、付加していくことになります。

長い間使ってきた家が古くなったり、汚れたりしたのできれいにした。あるいは、ちょっと不便なところがよくなっただけでは、少し寂しいですね。そこで、なにか新しい発見や創造を付加していくことがリノベーションととらえることもできるでしょう。

ここで紹介するのは、木造住宅のリノベーションによる改修例です。既存の建物の欠陥を単に補修するだけでなく、それにより生まれた空間を、余計なコストをかけることなく生かした例です。

既存の建物を調査すると、北側の屋根から漏水していました。天井や壁にはしみやカビが発生しているという状況です。

それがリノベーションによって、次ページの**写真A**のように改修されました。改修工事の段階で天井を剥《は》がし、屋根の下地から補修しました。そのさいに、単に原状回復するだけでなく、必要な場所にトップライト（天窓）を設け、個室と階段への光とりとしました（**写真B**）。

これにより北向きの部屋、階段、1階の玄関ホールが明るくなりました。

天井はあえて張り直さずに既存の梁《はり》を見せ、狭い個室（約4帖）を明るく開放的な雰囲気にしています。

写真B
個室と階段室上部にまたがるトップライト（天窓）で、双方の空間を明るくするとともに、境の壁を半透明のポリカーボネートハニカムパネルにして空間の広がりを感じられるようにしています。

写真A
小屋裏を露出することで空間の広がりと変化が感じられます。手前のテーブルは階段の上部を利用し、少しでも空間を広げる試みをしています。

2 大手だからよいわけではない

オプション工事で費用がかさむ

それでは、大手不動産会社のリフォーム事業は、どうなっているのでしょう。参考に、ひとつの例を紹介します。

一般的な建築工事の見積りは、各工事別に数量と単価を掛け合わせて、それを積算する形になっています。

大手不動産会社の事業ですから、単価や、最終的な施工管理費用や諸経費の率が高いのではないかと漠然と想像していたのですが、実際に私のところに相談に来られたクライアントに、ある大手不動産会社のリフォーム事業による見積りを見せてもらったことがあります。

実際の見積りを見て驚きました。

「標準工事　@20万円×全体坪数」

「改造工事　@10万円×改造坪数」

なんとこのようになっていました。そして、これにオプション工事の費用が追加されます。

この見積りでは、40坪の家をただきれいにしただけで800万円、間取りを少しいじった部分が29坪で290万円、オプション工事が300万円、諸経費・消費税を足して、合計約1600万円となっていました。

オプション工事という名目の一般外の変更工事が増えると、**変更前の価格よりも変更後の設備機器の価格などが驚くほど高価に**なっていました。たとえば、キッチンの長さを少し伸ばしたいため、標準のL＝255cmのキッチンをL＝300cmに変更したとします。その場合、標準のキッチンの工事よりも16万円高くなっていました。仕様にもよりますが、この価格帯のキッチンであれば一般的な差額は7万5000円程度と考えられます。つまり、標準の仕様から外れた希望があると、どんどん費用が割高になるということです。

そして、ガス工事・エアコン工事・照明器具・外部給排水・TV工事などは、すべて別途となっています。

これでは、このまま契約して工事中に器具の変更などがあった場合、一体いくらかかるのか心配になります。

「一律の坪単価」には多額なマージンが乗せられていることも

特に、リフォーム費用が坪単価@20万円と一律になっていることが問題です。

一般的には、実際の建物を調査して改修が必要な箇所、改修せずに生かして使ったほうがよい箇所など、さまざまな条件が出てきます。そして、その内容を細かく積算していくのが、リフォームにおける工事見積りなのです。

なんでもかんでも「坪20万円で新築のようにしますよ」というのは、ある意味わかりやすいのですが、あまりにも乱暴な費用の出し方だと思います。

それでも、大手の会社なので少々高価でも安心だろう、と依頼するケースが多いようです。

実際に工事を施工するのは末端の施工業者であるという事実から考えると、どれだけマージンを乗せているのでしょうか。

一般的な建築の見積りでは、**ひとつひとつの工事項目に数量と単価を掛けて金額が計上されます。**設備機器などの場合も、実際に使う予定の製品の型番とその上代《じょうだい》価格×値引きをした価格×数量というかたちで見積って積算されます。

一般的なリフォーム工事の見積り例

	名称	仕様	呼称	数量	単価	金額	備考
1	フローリング	IOC／アッシュクリアコート	㎡	12.00	5,800	69,600	
2	同施工費	ウレタンボンド、金物とも	〃	12.00	5,000	60,000	
3	下地調整		〃	12.00	4,500	54,000	
4	壁　クロス張り	量産品程度	㎡	22.00	1,200	26,400	
5	下地調整	シーラー塗布	式	1.00		10,000	
6	天井　クロス張り	量産品程度	㎡	12.00	1,300	15,600	
7	既存キッチン撤去		式	1.00		35,000	
8	新規キッチンセット	器具表による	〃	1.00		400,500	上代＝667,500
9	同取付費		〃	1.00		45,000	
10	キッチンパネル	3×8	枚	3.00	12,000	36,000	
11	テレビアウトレット	配線、器具とも	ヶ所	1.00		8,000	
12	ブースター設置	電源とも	式	1.00		25,000	
13	電話アウトレット	配管、器具とも	ヶ所	1.00		15,000	
14	ライティングダクト		組	1.00		6,500	
15	キッチン手元灯	HFW2401CEP	台	1.00		9,000	
16	TV付インターホン	パナソニック／VL-SV18K	〃	1.00		24,000	1対1
17	電気工事費	配線とも	式	1.00		35,000	
18	設備工事	給湯、給水、配水管盛替え	〃	1.00		50,000	
19	ガス工事費	盛替え、結びとも	〃			25,000	
小計						949,600	

また、工事中にさまざまな理由で変更があった場合は、その項目と変更になった項目の差額で工事費を増減するのが一般的です。

前ページの見積りでは、部屋ごとの工事の内容に応じた材料代と工賃が詳細に算定されて、どの部屋のどの部分の費用がいくらになるのかわかるようになっています。予算調整の段階でとても検討しやすくなっています。

たとえば、この中の一部の設備機器のグレードを工事中に変更したとしても、その差額分の費用調整で追加見積りが作成されることになります。

工事開始前でも、全体の予算の検討の中で、具体的にどの部分の費用を調整するのかがはっきりとわかると思います。また、工事中に現場の様子などによって変更が起きた場合も、ひとつひとつ納得のいくかたちで金額を算定することができます。

左ページにリフォーム業者の種類と特徴を掲載しましたので、参考にしてください。

リフォーム施工会社の種類別の特徴

施工会社の種類	特徴
ハウスメーカー・デベロッパー系のリフォーム会社	ハウスメーカー・デベロッパーの設けているリフォームの系列会社や専門部署。住宅を供給しているノウハウを生かしたリフォームを行う。全般的なリフォームを行うことができる。ショールームなどが充実している場合が多い。
住宅設備系のリフォーム会社	住宅設備メーカー・キッチンメーカーなどの展開しているリフォーム会社。バスルームやキッチンなどの水周りの設備機器を中心としたリフォームを行う。自社の製品に偏る場合がある。
一般的なリフォーム会社	規模や業態などさまざま。小規模なメンテナンスや全面的なリフォームまで、幅広く対応している場合もある。どのような会社なのか、得意分野などを見極めることが重要。
ホームセンター・インテリアショップ	その店舗で扱う家具や部材・建材を中心としてリフォームを行う。小規模なリフォームが中心の場合が多い。家具やクロス・カーテンなどのコーディネートが得意な場合が多い。
工務店	住宅の建築などを手がけている工務店。内部・外部・設備にわたってトータルな知識と施工が可能な場合が多い。地域密着型で小回りがきき、メンテナンスなどにも便利な場合がある。
設計事務所	実際の施工は工務店に依頼することになる。一般的には広範な知識を持ち、プランニングやコーディネートに優れた提案を期待できる。優良な工務店の紹介や見積り、施工内容のチェックもする。

3 リフォームの価格にも目安がある

リフォーム工事の見積りを計算する方法

確かにリフォーム工事の価格には不透明な部分があります。外から見えない箇所では、実際に工事を始めてみないとわからない部分もあります。とはいえ、新しく買う設備機器の価格、仕上げ材料の面積や単価ははっきりしています。

行うべき工事項目をしっかりと定め、その内容（材質・単価・面積）をしっかりと計算した見積りを作成すれば、不明確な部分を少なくできるでしょう。

あるいは、わからない部分を、仮に施工した場合の価格を参考見積りとしておくことも可能です。このように見積りをした上で予算を確保しておき、実際に現場が始まってから精算する部分を見極めることで、不透明な箇所を減らすことも可能なのです。

水まわりのリフォーム費用の目安

キッチンを交換

55万～200万円

キッチンの場合、扉などの仕様や食器洗浄機などの設備機器によって価格に大きな幅があります。Ｉ型のシンプルで手頃なタイプだと35万円程度から、Ｌ型やアイランドタイプなどで高級素材を使っているものでは数百万円のものも。既存のキッチンの撤去や廃棄処理や設備工事などで、20万～30万円程度の工事費がキッチン器具代金にプラスされます。レイアウトを変更したり、壁や床の仕上げを一新すれば、その分の費用も加算されます。

在来型浴室の更新

20万～40万円

浴槽本体の交換ですと20万～40万円程度で可能ですが、内装を変えることを考えると、ユニットバスへの変更が最近では一般的になっています。その場合はユニットバスの交換費用プラス在来浴室の撤去解体費用を考慮してください。

ユニットバスを交換

50万～180万円

１坪程度のユニットバスの本体価格は40万～150万円程度です。既存浴室の解体費用と取り付け費用が10万～25万円程度加算されます。既存浴室の撤去に伴い、柱や基礎部分に傷みが発見された場合は、その補修費用が別途10万～15万円かかることも。費用を大きく左右するのは、ユニットバス本体の価格です。グレードや設備によって大きく価格が変わります。給湯器を合わせて更新する場合は15万～25万円程度の追加費用も必要となります。

洗面化粧台を交換

10万～30万円

配管の位置や内装を変えず、リーズナブルなタイプの洗面化粧台に更新する場合では、工事費を含めて10万円程度から可能です。洗面化粧台もユニットバスと同様、グレードや設備によって大きく価格が変わります。レイアウト変更や内装工事を行う場合は別途費用が必要です。

便器を交換

10万～50万円

一般のタイプの便器本体は５万円程度からで、交換工事が３万～４万円程度。和式から洋式にする場合は10万～15万円程度の工事費がかかります。ウォシュレット一体型のタイプは器具の価格が20万～30万円程度です。交換工事が３万～４万円程度ですが、コンセントなどがない場合は電気工事費用１万円程度加算されます。器具のグレードによって大きく価格が変わり、レイアウト変更や内装工事を行う場合は別途費用が必要です。

追加工事したケースでのリフォーム価格

実際に工事中に起こった追加工事とその価格の例を紹介します。築35年の木造住宅の2階の天井をあけてみたら断熱材が施工されていなかったので、新たに断熱材を施工することにしました。

「グラスウール材料≒4万5000円　施工費≒2万5000円　追加工事費用≒7万円」

このように材料代ははっきりしていますし、大工の日当も他の工事項目である程度わかっているので、比較的簡単に追加工事費用が算定されます。同じ住宅の2階の天井をあけてみたら、束《つか》（梁《はり》と母屋《もや》を結ぶ柱状の部材）などに金物が施工されていなかったので、全体的に補強金物を追加することになりました。

「補強金物一式≒1万5000円　施工費≒2万5000円　追加工事費用≒4万円」

これも断熱材のケースと同じで、比較的容易に追加工事費用が算定されます。

天井裏の金物の取付けは、その工事のために大工ひとりに一日作業をしてもらいました。1階の壁や2階の床などその他の部分に関しては、床や壁工事のときに金物を施工することで、材料代以外の費用は計上せずに施工してもらえました。143ページと左ページで、各種リフォーム工事費用の目安を紹介しました。あくまでも目安ですが、参考になると思います。

内装や建具のリフォーム費用の目安

和室を洋室に変更

35万～60万円

６帖（10m²）の和室を床フローリング張に変更する場合は約20万円から。壁・天井をクロス張りとした場合は15万円から。扉の交換などを伴う場合は別途費用加算されます。素材のグレードによって費用が変わります。

内装を一新

15万～30万円

６帖（10m²）の洋室の内装を一新する場合は約15万～30万円。床フローリングをリフォーム用の直張り材に変更する場合は約８万円から。壁・天井のクロス張替えの場合は約７万円から。扉の交換や収納の改修を伴う場合は別途費用加算されます。素材のグレードによって費用が変わります。

壁・天井の仕上げをクロス張から珪藻土塗に変更

20万～25万円

６帖（10m²）の洋室の壁・天井の仕上げをクロス張りから珪藻土塗に変更した場合は約20万～25万円程度です。下地の状況や塗り素材のグレードや塗厚によって費用が変わります。

畳・襖・扉などの交換

- 畳の表替え　6000円～1万2000円/枚（１帖の畳１枚）
- 襖の張替え（巾85cm高さ180cm程度×２枚）　２万～３万円
- 網戸張替え
  - 掃出し窓（高さ180cm程度）→5000～7000円/枚
  - 腰窓（高さ120cm程度）→3000～5000円/枚
- 室内扉交換（巾70～80cm高さ180～200cm程度）　８万～16万円程度

コンセントなどを増設

6000～１万円

内装張替えなどと同時に行うことを前提として、コンセント増設１箇所6000～8000円程度。テレビのアウトレット増設１箇所8000～１万円程度。電気容量が少ない分電盤などの改修や、テレビのブースターなどの設置を伴う場合は費用が追加されます。

注）P143、P145の図の費用はあくまでも目安です。リフォーム費用は使用する住宅資材や設備機器のグレード、建物の状況、工事方法などによってちがってきます。明確な費用については、リフォーム会社などに見積りを出してもらうようにしてください。

4 【納得のいく予算計画・設計・施工を行うために】

プロに依頼するメリット

リフォームやリノベーションは、専門の設計者に設計・工事監理を依頼することで、より納得のいく結果が得られやすくなります。

①平面の計画に時間をかける

リフォームやリノベーションの場合、計画の基本となる平面計画はとかく制約も多く、時間的にも余裕のない場合が多いのですが、仕上がりに納得がいくようにするためには十分に時間をかける必要があります。

新築工事の場合も同じですが、平面計画の段階でできるだけ具体的に、新しい住まいでの生活を思い浮かべながら計画を練ってください。

また、既存の建物であるという理由から、自分で自分に規制をかけることはなるべくせずに、専門家に素直に希望を伝えてください。

たとえば、和室を広くして洋室に変えたい場合など、「床柱を取ることはできない」、あるいは「多額の費用がかかる」と思い込んでいるケースもありますが、実際には比較的簡単に外すことが可能であったりします。

左の写真は、和室（**写真C**）をリノベーションした例です。床柱を取り、床と押し入れ部分も居間のスペースにしたことで、ピアノを置くスペースが生まれました（**写真D**）。

写真C

リノベーション前の和室の状態です。半間の床と１間の押入、その左が出入口になっています。

写真D

リノベーション後。長押や柱・天井などは既存の素材を洗ってそのまま生かしています。左端に既存の出入口が見えます。

②平面計画に沿った工事概要リストを作成する

平面計画を練り上げたら、それに沿った工事リストを作成します。

既存の建物の仕上げなどをどこまで生かすのか、設備の更新などはどの程度行うのかを、ひとつひとつ細かく検討します。なぜなら、それらすべてが工事費用に密接に関係してくるからです。

③設計図書をもとに工事見積りを作成

平面計画と工事リストなどの設計図書をしっかり作った後は、施工会社に詳細な工事見積りを作成してもらいます。

④予算とすり合わせながら工事価格を決定

作成された工事見積りの内容が妥当なものであるかなどを精査した後に、予算とのすり合わせを行います。

多くの場合、予算より見積り金額はオーバーしがちです。そこで、どの項目を変更、あるいは削るかなどを、全体とのバランスを見ながら詳細に見ていきます。場合によっては、予算の見直しも必要になってくるかもしれません。

ここまでの作業を、しっかりと時間をかけて行っていれば、どのようなことが工事の中で予定されているのか、ひとつひとつの項目がどの程度の費用となって反映されているのかが、工事見積書から比較的容易に読み取れるはずです。

あとは予算とのバランスを考えながら、検討していきます。

施工中も細かく打ち合わせる

このように細かい作業を重ねた上で、見積り金額と予算のすり合わせが完了し、工事契約を終えて着工にいたるという段取りを踏むことが、望ましい方法だと思います。

一般的に、工事契約後に必要な準備期間を経て、実際に現場での工事が始まるわけですが、工事中も細かな打ち合わせが必要になります。

新築工事とは異なり、中古物件では実際に施工してみたら、予測とちがっていたというケースもおおいにあるからです。また、仕上げをしていく段階で、平面計画の段階では気づかなかったよりよい解決策が見つかることもあります。

可能なかぎり実際に現場に足を運んで、さまざまな判断に対して肌で感じることが大切だと思います。また、設計者など専門家の意見にも注意深く耳を傾けてください。

工事の追加・変更はすばやい判断が大切

比較的工期の短い改修工事では、工事中の変更項目に関してすばやい判断が必要になります。

たとえば、在来工法の浴室の壁を剥がしてみたら柱や土台が腐食していた。そのようなときには、どの程度の補修を行うのか、費用との関係を踏まえて検討する必要があります。短い工期の中では、次の作業にかかる前に判断をしなければなりません。

そんなとき、設計者など専門家のアドバイスが有用であることは言うまでもないでしょう。

リフォームの手順

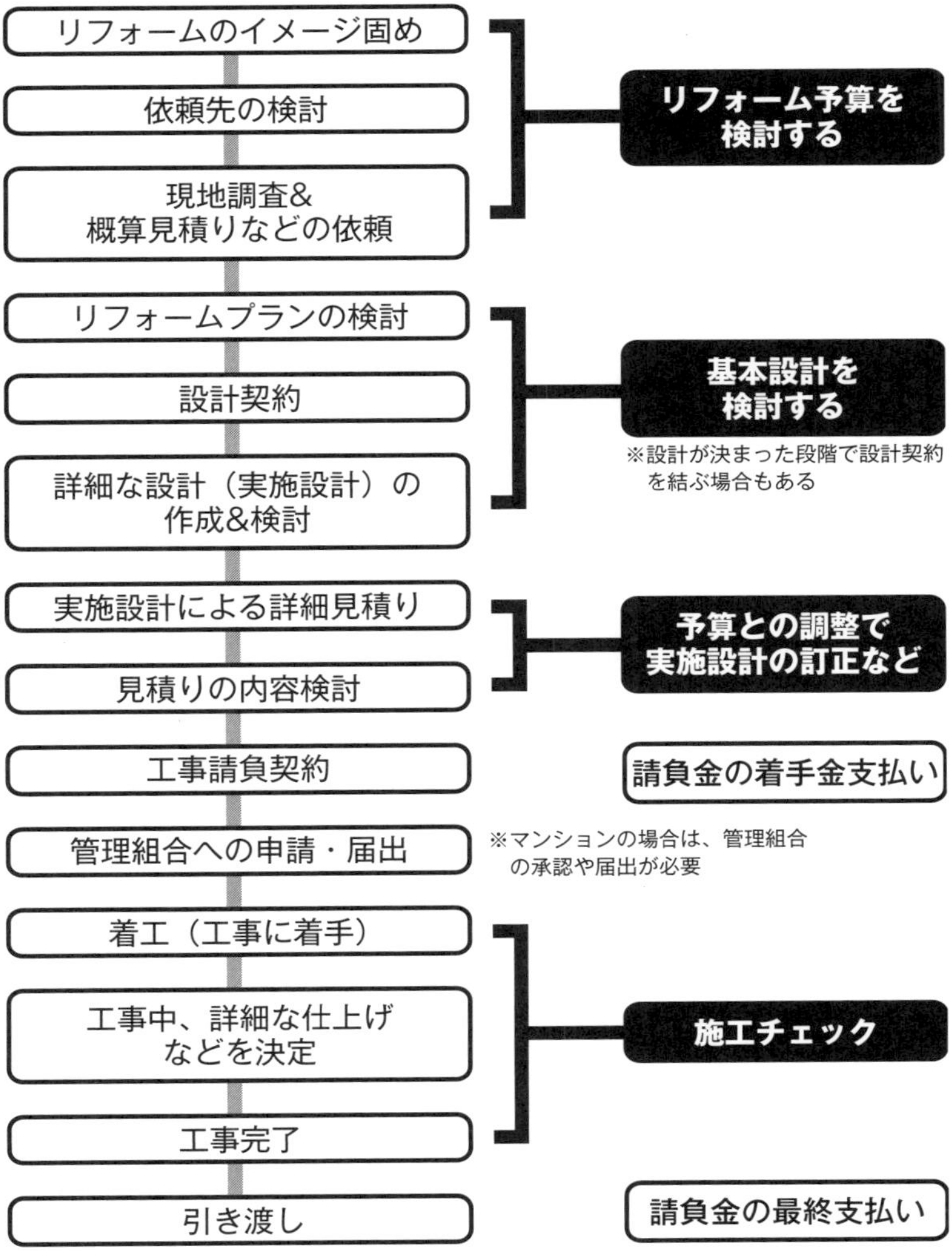
リフォームのイメージ固め
依頼先の検討
現地調査&
概算見積りなどの依頼
リフォーム予算を
検討する
リフォームプランの検討
設計契約
詳細な設計（実施設計）の
作成&検討
基本設計を
検討する
※設計が決まった段階で設計契約
を結ぶ場合もある
実施設計による詳細見積り
見積りの内容検討
予算との調整で
実施設計の訂正など
工事請負契約
請負金の着手金支払い
管理組合への申請・届出
※マンションの場合は、管理組合
の承認や届出が必要
着工（工事に着手）
工事中、詳細な仕上げ
などを決定
工事完了
施工チェック
引き渡し
請負金の最終支払い

5【中古物件の制約をあえて生かしたリノベーション例】

新築の場合とちがって、既存の建物の構造や設備を生かすわけですから、当然ある程度の制約がつきものです。それを、単純に新築ならできたのにと考えるのではなく、あえて既存のものを生かすように考えることでユニークな空間ができたりします。

以下に、そのような制約をリノベーションに生かした実例を紹介します。

構造的な制約をデザインに生かす

最初に紹介するのは、構造的な制約をあえてデザインに生かした例です。

既存の和室を居間に改修しています。

和室の床の間の柱が構造的に重要だったので、丸柱に置き換えて、あえて残しました。また、テレビの前の空間にある種の結界とでもいうべき空間ができて、部屋のポイントとなっています（**写真E**）。

同じ建物で、部屋の間仕切りを撤去して広いＬＤの空間を生み出していますが、構造的に重要な柱と筋違《すじかい》を、あえて化粧丸柱と化粧筋違に置換することで、デザイン的なポイントとしています。

そして、低い位置にテーブルを据え付けることにより、リビングとダイニングの間の緩やかな区切りとなっています（**写真F**）。

厚みのある構造壁の特徴を生かす

一般的に、柱や梁を使わない壁式構造のマンションでは既存の壁が構造躯体となっており、ほとんどの場合で撤去できません。

壁式構造とは、壁面や床板などの平面的な構造材を組み合わせた、柱を持たない箱状の骨組のことです。柱や梁型が室内に出っ張らないので、すっきりした空間にできますが、壁で構造を支えるので、室内空間に耐力壁（構造壁）を設ける必要があります。

写真E

床をフローリング、壁は珪藻土塗としています。構造的に重要な既存の柱２本を磨きの丸柱としてあえて残しています。珪藻土の質感ある壁とあわせて空間のポイントとなっています。

写真F

リビングとダイニングの間にも構造的に重要な壁と柱がありました。これも丸柱や化粧筋違とすることでデザイン的なポイントとしています。低い位置には３角形のテーブルを設置しています。

次ページの**写真G**と**写真H**は、構造壁であるがゆえに厚みのあるしっかりとした壁になっています。

他のクロス壁と同色にしましたが、重量感のある壁として居間とダイニングの空間のポイントとなっています。

既存の素材感を残した戸建ての例

既存の和室（**写真I**）を床フローリング張りとして、居間に改修しています。既存の板張りの天井は洗いをかけて風合いを出しています。

柱や長押《なげし》も洗いの後に残しています。また、既存の聚楽《じゅらく》壁の上に珪藻土塗りをして、柱などの既存の木材と調和させています（**写真J**）。

DKとの間は長押を一部取り外して、高さ2・2メートルの半透明の上吊引き分け戸を設置しています。引き分けてしまえばすべて開口となって、広々としたLDKになります。

ここに紹介したように、既存の建物から生じる制約をあえて生すことで、ユニークな空間を作ることができます。既存のよいところや素材感をあえて生かしながら、使いやすい空間を創造していくことは、リノベーションならではの醍醐味と言えます。

写真G

存在感ある壁と間接照明を組み合わせることによって、居間とダイニングの空間に変化を持たせています。

写真H

ダイニングスペースは狭いながらも、以前はオープンだったキッチンを独立させています。存在感のある壁に囲まれて、落ち着いた空間となっています。

写真I

既存の和室を居間にしています。床をフローリング、壁は珪藻土塗としています。柱や長押、天井も既存の和室のものを洗いをかけて生かしています。

写真J

居間とDKの境の壁には大きな開口部を設けています。半透明の引分けハンガー扉とすることで、床に段差なく開き切って使えば一体の空間として広々としたスペースが生まれます。

6 自分のこだわりをリフォームに生かすためには

要望を素直に専門家にぶつける

担当する設計者に自身の希望を素直に伝えることは、とても重要です。そのさいには、予算との関係、希望の重要度の順序付けなどを自分自身でも整理しながら伝えることも大切です。

リフォームであるがゆえに既存の建物の制約にしばられることはありますが、一旦その制約は忘れて、本当に自分が希望する姿を伝えてください。もちろん、予算や技術的な理由で実現できないこともあると思いますが、クライアントの希望を理解することが設計の基本となるのです。

左の写真は、細かく区切られた間仕切りを思い切って取り去り、広々とした空間を生み出したリフォーム例です。

日本伝統の木造建築技術による在来工法の２階建木造の建物ですが、２階部分をＬＤＫとすることで、間仕切りを構造的にも不安なく撤去しています（２階の壁や柱は屋根を支えているだけなので、撤去に伴う構造的な補強は容易)。

1階吹き抜けだったところの一部分に床を張ることで床面積を確保しています(**写真K**)。

既存の窓はそのまま生かしています。キッチンの前にある既存の縦長の窓も有効に利用して、明るいキッチンになっています(**写真L**)。

写真K

キッチンのスペースは玄関上部の吹抜けであった場所に床を新たに施工して生まれています。左奥は新しく設置した階段のトップライトからの光がそそいでいます。半透明の壁を通して奥の個室にも空間の広がりを与えています。

写真L

同じ居間を階段側から撮影しました。もとは8帖だった個室のスペースが12帖を超えるLDKスペースとなっています。窓のサッシなどは既存のまま使用しています。

「こだわり」に優先順位をつけておく

希望をぶつけた上で、設計者の提案する平面計画や技術的なアドバイスに素直に耳を傾けてください。そして、その作業の中で、予算や既存の建物の条件に合った最適な計画案を作成していくことに時間をかけましょう。

そうすることで、中古住宅でも必ず、こだわりをプランに生かすことができるようになります。

ただし、すべての点で満足できるわけではないので、自分のこだわりの優先順位をなるべくはっきりさせることが大切になります。

これは新築の場合にも言えることですが、自分の希望をすべてかなえることは不可能です。仮に、すべての要望を盛り込めたとしても、かえってバランスの悪いものができあがってしまうこともあります。したがって、重要なのはこだわりの優先順位を明確にさせることです。

最初から明確にすることは難しいと思いますが、プランを練り上げていく段階では設計者の意見も参考にして、徐々に考えをまとめていけばよいでしょう。

インテリア（家具・TVの配置）に合わせた空間が作れる

まだ物件が未完成の新築の場合とちがって既存の空間があるわけですから、その様子や広さなどを実感できるのは、中古物件ならではのメリットと言えます。

現在持っていて長く使いたい家具や、将来置きたいあこがれの家具などもあるでしょう。そうした家具をどのように配置し、どのような生活がしたいのかを思い描きながら、空間を創造することができるのです。

珪藻土・無垢フローリングなど、こだわりの素材が選べる

リフォームでは、お仕着せの新築物件では難しいさまざまな素材を適材適所に使うことも可能です。

新築のマンションや建売住宅では、クレームがつきやすく単価も比較的高い天然素材の仕上り材料を使うことを避ける傾向があります。扉の枠なども、いわゆる張りものと呼ばれる、表面にプリント加工されたシートを張ったものが使われることがほとんどです。

それらの素材は安価で、できあがったときは傷ひとつなくてきれいですが、経年変化によって風合いが出てくることはありません。

実は、自然素材や無垢《むく》の素材などは、仕上がりの均一性などを必要以上に追求しなければ

ば、それほど高価なものではありません。

もちろん、無垢の材料で傷がひとつもないものを使おうとすれば非常に高価なものになりますが、ある程度を許容するなどすれば、それほど高価ではなくても素材として素晴らしいものを使うことは可能です。

一見きれいに仕上がっているプリントの材料と、傷ひとつないとは言えない無垢の材料のどちらに価値を見い出すかは、個人の好みの問題でもあります。

しかし、5年や10年、あるいはそれ以上使っていくことを考えると、どのような素材を使うかはとても重要です。是非、実際に素材を手にとって見比べていただきたいと思います。

7 リフォームにはどのような制約があるか

ここでは、中古住宅をリフォームするさいにはどのような制約があるのか、具体的に見ていきましょう。

構造的制約

構造的に重要な部分の撤去などは、原則的にはできません。

具体的には、マンションでは基本的にコンクリート躯体の部分は撤去できません。また、柱や梁なども撤去できません。マンションの場合はコンクリートなどの躯体部分はマンション全体の共有物ですので、それを撤去したり傷つけたりすることはできないのです。

木造戸建てでは、柱・壁・階段などの移設や撤去は一般的には難しいと言えますが、構造的な知識のある設計者であれば、ある程度は可能であると考えてください。

2F Before

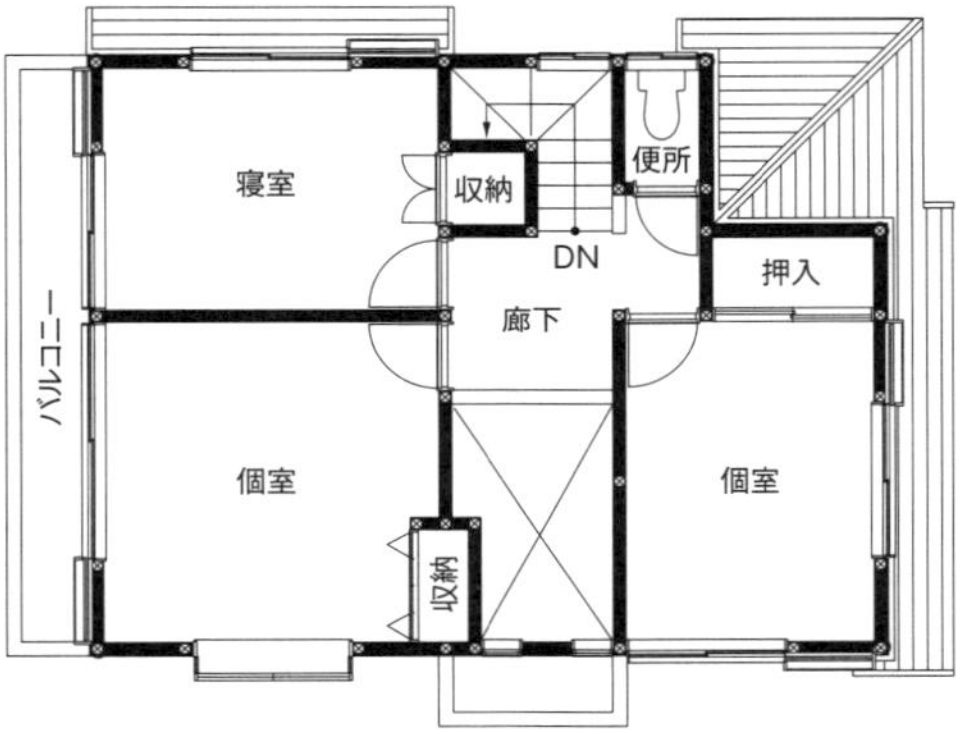

2F After

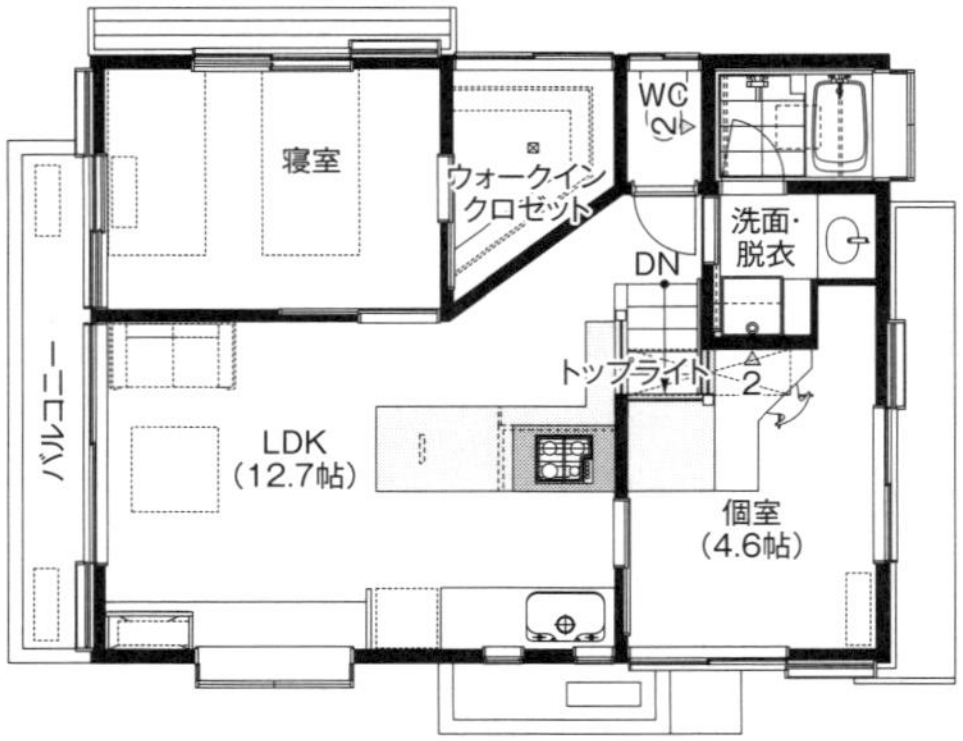

２階に浴室を新設し、既存玄関の吹抜けに床を新設、間仕切り撤去などで広々としたLDKを作っています。

一般的な２階建て木造住宅を２世帯住宅に改修した例

1F Before

1F After

一般的な間取りの木造住宅を２世帯住宅とするために、ある程度柱や壁の移設、階段の移設もしています。具体的には、１階階段の位置、トイレの位置などを移設しています。コストを抑えるために階段・トイレに関わる部分以外は、できる限り、既存の更新程度にとどめています。

設備的制約

・給排水位置・配管移設が可能かどうか

木造などの戸建て住宅の場合、給排水の配管などの移設は比較的自由にできると考えてよいでしょう。

マンションの場合は床の形式（コンクリートの床の上にスペースをとって配管スペースとしている場合が多いので、その高さなど）によりますが、基本的に制約があると考えてください。水まわりの位置の変更が可能かどうかは、現地の調査と専門家の知識が必要になってきます。

・排気ダクトの位置変更が可能かどうか

キッチンの位置を変更する場合は、換気など排気ダクトの位置変更が可能かを検討する必要もあります。これも、木造などの戸建て住宅の場合は比較的自由度が高いと言えます。

マンションの場合はキッチンが外壁側に接していない場合が多く、キッチンから外壁面への天井内に排気ダクトが通っていることが多くなります。そのため、梁などの障害物もあり、排気ダクトの経路を変更するには、やはり現地の調査と専門家の知識が必要になってきます。

配管移設の実例①

Before

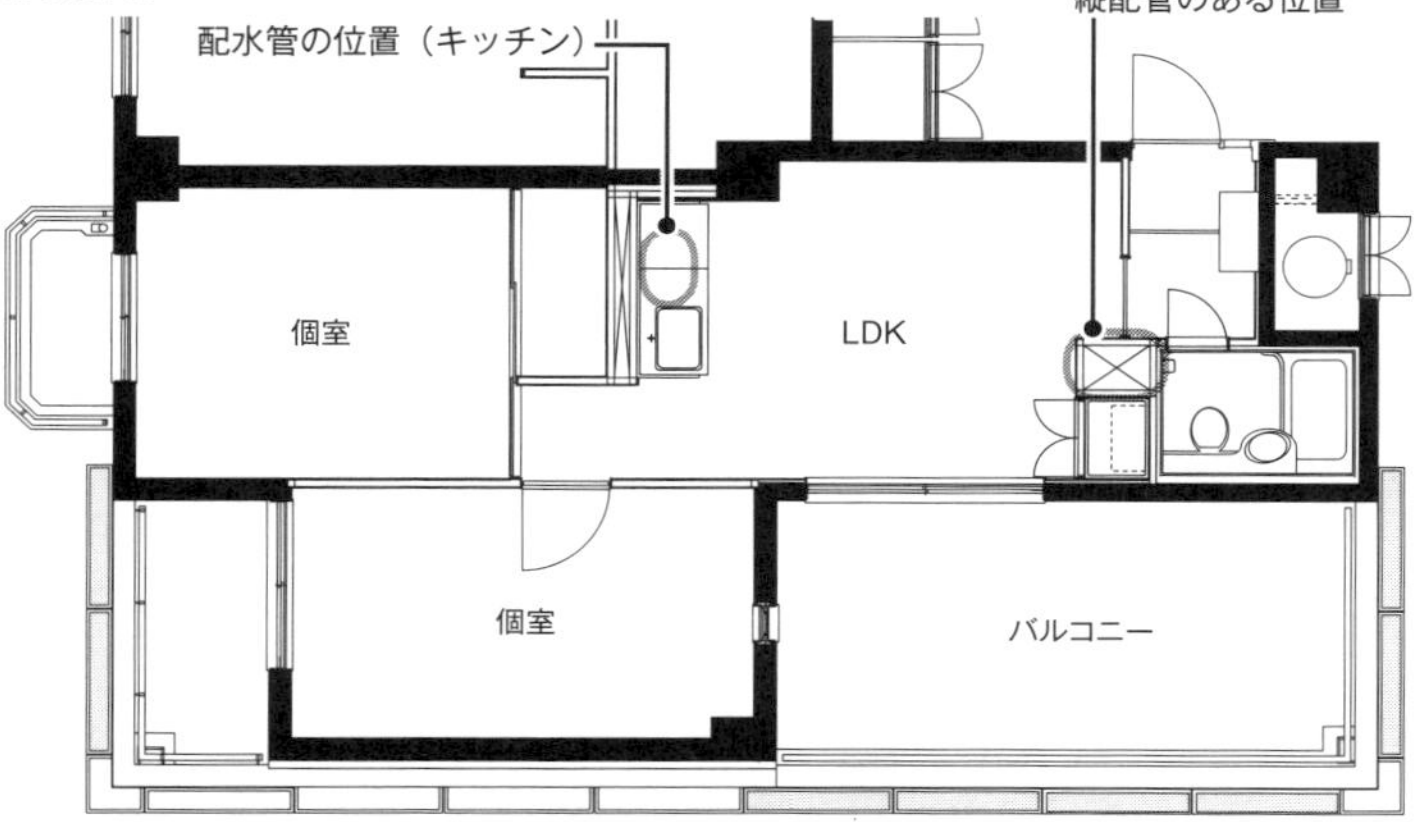

After

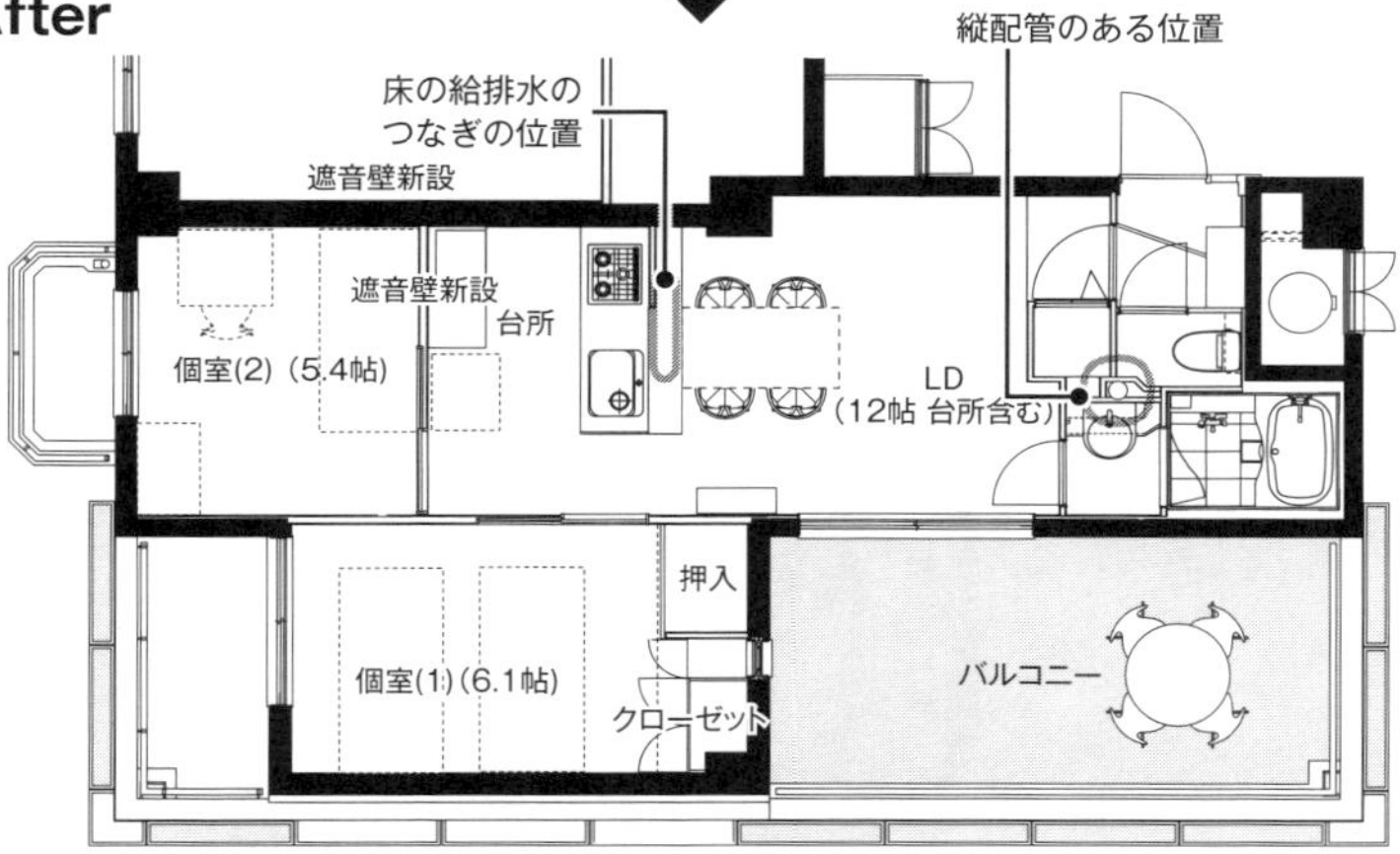

３点セット（キッチン・浴室・トイレ）の水まわりを独立型に改修しています。
既存の縦配管は変更することができないのでそのまま残して、その周囲の平面構成を工夫することで、浴室・洗面・トイレ・洗濯機置場を独立したものにしています。
キッチン位置の移動に関しては、この例では床のコンリートに直接仕上げがされているタイプだったので、既存の配水管の位置を変更できませんでした。そこで、キッチンの向きを変えることで、対面式のカウンター下での給排水のつなぎ込みとしてLDを広げています。

配管移設の実例②

Before

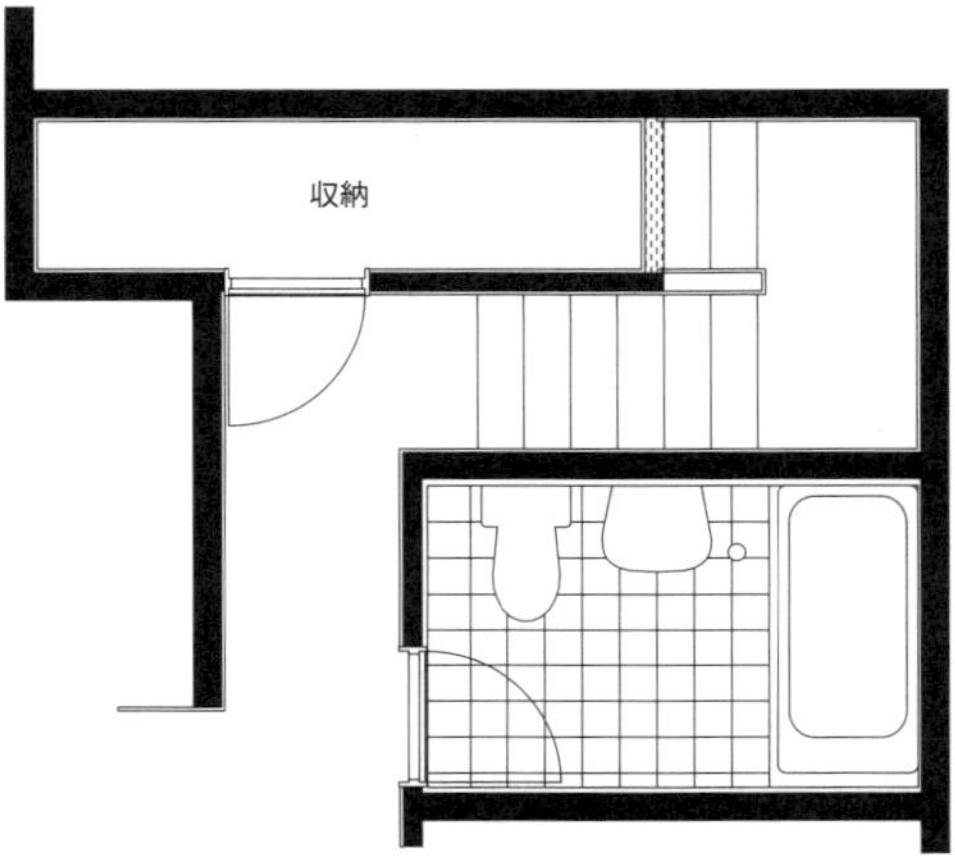

After

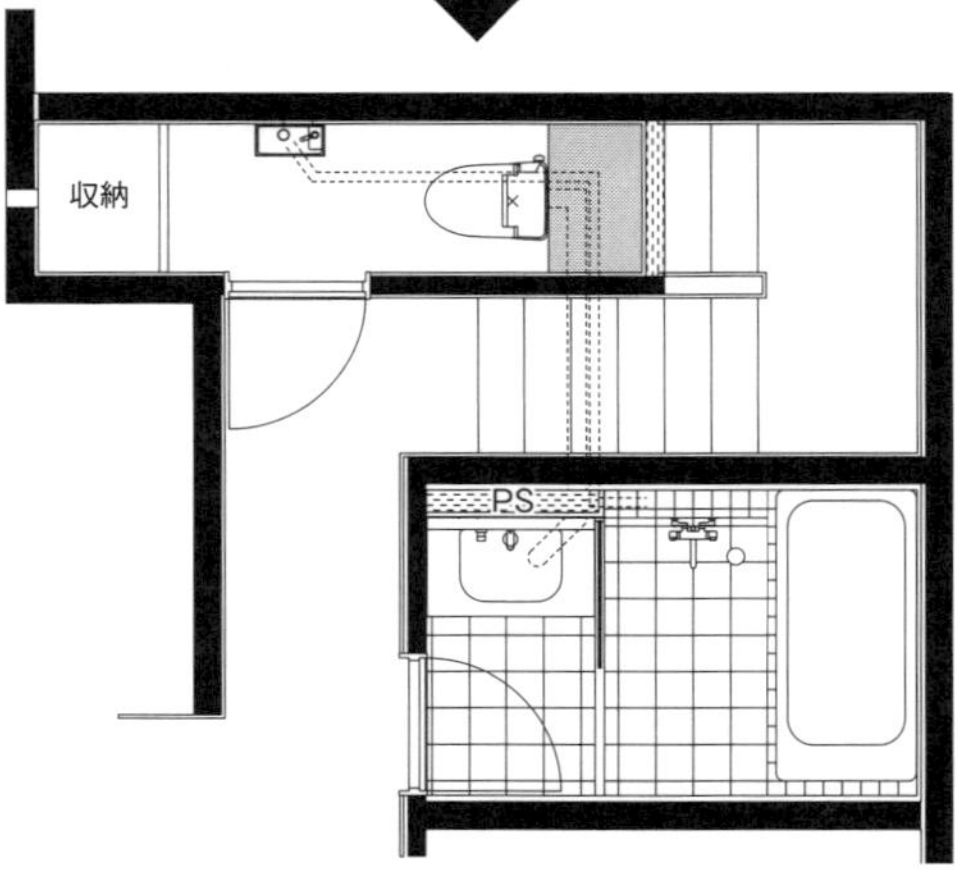

この例では、洋風の広めの３点セットを独立型に改修しています。
面積的には余裕はあるのですが、洗面・浴室・トイレを独立式にするには制約がありました。そこで、階段下に配管を通すことにより既存収納をトイレに変更することにしました。
浴室と洗面所はガラスのパーティションに、床・壁のタイルは既存のものを生かすことで、コスト的にも有利な形状としています。

マンションの管理規約などによる制約

マンションでは管理規約などで、リフォームに関する制約が決まっていることが多くあります。リフォーム工事のさいには、工事の時間帯や搬入などの作業に関して細かく制約が決められている場合もあります。

共有部分に関する工事が必要な場合はもちろんですが、専有部分に関しても、たとえばフローリングの遮音性能など、ある程度の仕様が決められているはずなので、事前に管理規約を調べることが重要となります（127ページ参照）。

また、戸建ての住宅の場合はマンションのように管理規約などはありません。そこで、比較的自由にリフォームできるように思われますが、建物本体を変更する場合には、建築基準法などの制約も検討する必要があります。あるいは、リフォームに伴って構造的な補強や屋根・外壁の更新などの検討が必要なケースも考えられます。

さらには近隣の状況なども、リフォームをする場合には注意して調べる必要があります。搬入する道路などの問題や工事に関わるさまざまな問題を事前に予測することも、スムーズに効率よく仕事を進めるためには重要になってきます。

また、隣地から建物までの距離なども、外壁などの工事や騒音を検討するさいには重視したいところです。

8 よい施工会社の選び方

「単価が安い」「営業の人が熱心」で選ぶのはNG

よい計画と素晴らしい設計ができあがっても、それを実際に施工してくれる施工会社がいなければ、計画は現実のものとはなりません。そこで、よい施工会社を選ぶ方法を紹介したいと思います。

通常の場合は、依頼されたリフォーム・リノベーションの仕事に適した施工会社を設計者が紹介し、見積りを取って施工をお願いするケースが多くなります。設計者は、リーズナブルで、かつ丁寧な施工をしてくれる会社を長い経験を生かして選びます。

もちろん、お客さまの知り合いの会社や、なんらかの取引上の関係のある会社でも、設計の内容を理解してもらい、お客さまのために真面目に仕事をしてもらえる技術と誠意を持っている会社であればよいと思います。

ただし、単に単価が安いからとか営業の人が熱心だからという理由で施工者を選んだ場合は、経験的にはあまりよい結果を生まないことが多いと言っておきます。

よい施工会社とは、「よい建物を造る熱意のある会社」

このひと言につきます。

建物は一軒一軒、いわば手作りの物です。よい物にしようという熱意がなければ、実際によい形で実現することは難しいのです。

現実には、「なにがなんでも仕事の量がほしい会社」も存在します。そして、仕事を取るために必要以上に安い単価で見積りを提出する場合もあります。

安い単価で発注できれば得するようにも思われますが、建築は工業製品とはちがいます。時間をかけて、一軒一軒仕上げていくのです。

請負い金額が安すぎれば、下請けの会社への費用も当然、少なくなります。その結果、よい仕事ができない（手抜きをせざるを得ない）恐れがあります。あるいは、メンテナンスなどの面倒を一切見てもらえないなどのケースもあります。結局、お客さまの得にはなりません。

お勧めしたい施工会社の多くは大きな会社ではない

実際には「よい建物を造る熱意のある会社」の多くは、大きな会社ではありません。

リノベーションやリフォーム工事は、現場での手作りの作業です。繰り返しや大量の発注製品などはなく、その点でスケールメリットはありません。

大きな会社で経費の比率の高い場合は当然、その分価格的に不利になります。

「よい建物を造る熱意のある会社」の工事費用はリーズナブルですが、必ずしも最安値ではないかもしれません。なぜなら、実際の仕上りを（将来も見据えて）考えているからです。

最終の仕上げ材料の仕様が同じでも、安い単価で見積りをしてくる業者もあります。その単価できちんと施工してくれるのならよいのですが、たとえば外部の塗装工事の場合、表面には現れない下地の処理をどれだけきちんとするかで耐久年数に大きなちがいが生じます。ただし、そのことが判明するのは施工の数年後になるのです。

将来のことを考えず、**目に見えない下地処理の費用を省くことで、安い単価で施工ができたとしても、長い目で見れば結局は高くついてしまいます。**

9 リフォーム&リノベーションを「設計者」に依頼するメリット

新築より技術が必要になるケースも多い

新築の場合でも、独立した設計事務所に設計・監理を依頼することがベストであると思います。しかし、リフォームやリノベーションの場合でも、あえて設計者に設計・監理を依頼すべきだと思います。

新築の場合は確認申請の手続きが必要ですから、たとえハウスメーカーなどによる設計施工の場合であっても、技術力や関わり方の程度の差はあるにせよ、なんらかのかたちで設計者が関与することになります。

ところが、リフォームやリノベーションの場合は設計者が関与することなく、リフォーム会社の営業マンでも工事を進めることは可能です。

クロスの張り替え程度でしたら、それでも問題ないでしょう。しかし、間仕切りを撤去などして平面を変える、あるいは設備を変更するなどのときには、ちょっと心もとないでしょう。正直に言うと、リノベーションのほうが新築よりも技術的に難しいポイントが多いのです。

以下に、設計者にリフォームやリノベーションの設計・監理を依頼すべきだと提案する理由をあげてみます。

希望に合った平面計画ができあがる

リフォームやリノベーションの場合は、既存の建物による制約があるわけですから、平面計画においてもその制約の中で進めることになります。

実は、設備や構造の制約の中で希望に合った平面計画をたてることは、新築に比べても高い知識と経験が求められます。また、設備や構造を平面計画の要望にそって移設や改修をする場合も同様に、経験と知識が求められます。

リフォーム会社の営業マンに、

「これは既存の建物の制約からできません」

「非常にコストがかかりリーズナブルでないですよ」

と言われたという話を、よく耳にします。失礼な言い方かもしれませんが、専門知識のない営業マンではそのような答えしかできないというのが実情だと思います。

かと言って、設計者が携わることにより、すべてが解決するというわけではありませんが……。それでも、設計や現場の知識や経験を総動員して、どうしたらクライアントが希望する平面計画が実現できるのかという努力が可能なのは、設計者ならではだと思います。

納得のいく予算管理ができる

リフォームやリノベーションの場合は、工事見積りの内容はとかく不明確になりがちです。

一般的に新築の場合は、それぞれの仕様はともかく、特別に別途工事とうたったもの以外は工事に含まれていると考えられます。それに対して、リフォームやリノベーションの場合は既存の建物を使う部分が多いわけですから、工事の範囲は不明確になりがちです。

実際、お客さまがどこまでリフォームがなされるのか（特に目に見えない構造・設備など）を判断するのは、きわめて困難だと思います。

設計者が設計・監理を行う場合には、平面計画とともに詳細な工事内容に関するリストを作成するのが一般的です。そして、その工事リストや設計図書により、施工者に工事見積りを作成してもらいます。

さらに、その見積書を設計者が精査し、内容をクライアントに説明します。

予算にあった見積書であれば、そのまま着工ということになりますが、予算をオーバーしていた場合などは、ひとつひとつの項目と金額、その必要性などを細かく検討した上で、再度見積りをとります。

このような作業を繰り返した上で、設計・見積りの内容をクライアント・設計者・施工者が了解し、工事契約から着工となるわけです。

また、着工後もリフォームやリノベーションならではの、既存の建物の状況によって現場での工事変更が必ずあるはずです。そのような場合も、それぞれの変更工事の妥当性や費用などを設計者が精査しながらクライアントに報告し、了解を得た上で工事を進めることになります。

よい建設会社を紹介してくれる

ひと口にリフォーム会社と言っても、会社によってそれぞれ技術力の差があります。

壁のクロスや床の塩ビシートを張り替えることを専門にしている会社に、給排水や浴室の改修をお願いしても、下請けの設備会社に仕事を丸投げするだけでしょう。十分に検討された施工がなされることは難しいと予想されます。

その点、すでに述べたように設計者であれば、設計内容にマッチした建設会社を選択、あるいは紹介することが可能です。

壁クロスの張り替えだけなら、クロス屋さんに直接発注したほうが安価でしょう。しかし、一般的にリノベーションとなれば、大工・設備・電気・内装工事などさまざまな職種の工事が必要となってくるはずです。

そのような工事を無駄なくとり仕切ることは、注文住宅なども手がける、いわゆる建設会社が適任であると言えます。新築工事やメンテナンスもできる会社を選択するので、構造面や将来のメンテナンスなどの心配もなくなります。

結論としては、設計者に設計・監理を任せることで、現場が始まってみなければわからないリフォーム・リノベーションならではのさまざまな問題に関して、総合的で最良の判断が可能となります。そして、よりよい施工ができると言ってよいのではないでしょうか。

Column

リフォームやリノベーションにおける設計者の仕事

リフォームやリノベーションの場合、新築とはちがって、設計図書通りに施工ができない、あるいは現場で再検討をしたほうがいいケースがあります。

そのようなとき、大工・塗装・設備・電気・左官など施工の現場の、さまざまな職人さんの判断が最善の解決策になるとはかぎりません。また、ひとつの職域では判断できないケースもあります。

結局、「設備配管を移設しても設備的に将来も問題ないのか」、「費用の問題はどうするのか」ということはとりあえず先送りにして、図面の通りに施工するしか解決方法はありません。

かといって、施主であるあなたに事実を告げられて、「どうしましょうか」と問われても判断に困るでしょう。

ある程度の規模の新築工事のように優秀な現場監督がついている場合は、総合的な判断が可能ですが、お客さまの要望に関して適切な判断をすることは難しい場合もあります。このようなとき、設計者の建築に関する広範な知識とお客さまの要望への理解が重要になってくるのです。

各分野の職人さんたちの施工の知識や技術には優れたものがありますが、建築に関する広範な知識とバランス感覚こそが、設計者の技術力と言えます。

さまざまな選択肢の中から、お勧めできるいくつかの選択肢を提示し、それぞれのメリットとデメリット、将来的な問題点やコストに関しても説明できるのは設計者ならではでしょう。

6章

ライフプランにそった資金計画を立てるために

1

「買える家」を買ってはいけない

家を買う前に人生のバランスを考える

中古であっても、リフォーム・リノベーションされた素敵な家を見ると、思わずテンションが上がり、購入する意欲も増すことでしょう。少し無理しても頑張って返済できると、「その気」になってしまうものです。

しかし私（後藤）は、10年後、20年後も「その気」が続いているかどうか、考えてみる必要があると思います。

人生には「家を買う」こと以外にも結婚や教育、キャリア、老後、介護、趣味などの大切なイベントがあります。

無理をして家を持つことで日々の生活が窮屈になる、という本末転倒な状態に陥ってしまうことにもなりかねません。

そこで、家を買う前に人生のバランスを考えてみましょう。住宅を購入した後も幸せな生活を継続して送るためには、**無理のない返済計画を立てることが大切**です。

ライフシミュレーションの例

※金額の単位は万円

経過年数		1	2	3	4	5	6	7	8	9	10
西暦		2012	2013	2014	2015	2016	2017	2018	2019	2020	2021
年齢	世帯主年齢	35	36	37	38	39	40	41	42	43	44
	配偶者年齢	33	34	35	36	37	38	39	40	41	42
	お子様年齢（長男）	5	6	7	8	9	10	11	12	13	14
	お子様年齢〈長女〉	2	3	4	5	6	7	8	9	10	11
収入	世帯主収入	600	609	618	627	636	645	654	663	672	681
	配偶者収入										
	その他										
	合計	600	609	618	627	636	645	654	663	672	681
支出	生活費（光熱費等）	180	182	185	187	190	192	195	197	200	202
	住居費（ローン等）	129	129	129	129	129	129	129	129	129	129
	教育費	54	54	93	86	87	62	63	63	83	84
	保険費										
	自動車費										
	交際費										
	その他〈税金〉	122	126	129	135	138	145	147	149	156	157
	合計	485	491	536	537	544	528	534	538	568	572
ライフイベント	お子様　長男			小学校						中学校	
	お子様　長女				幼稚園		小学校				
	自動車購入										
	旅行										
	その他										
年間支出合計	収入－支出	115	118	82	90	92	117	120	125	104	109
金融資産	投資信託										
	その他										
金融資産残高	預貯金等	115	233	315	405	497	614	734	859	963	1072

自分で中長期の返済計画を立ててみる

みなさんはいままでに、20年、30年という中長期の計画を具体的に立てたことがあるでしょうか。

お客さまとファイナンシャルプランの打ち合わせをするさいに、この質問してみると十中八九、「立てたことはない」と答えます。しかし家の購入という大きなライフイベントにさいしては、ライフプランを立ててみる必要があります。

時間や効率から考えて、ファイナンシャルプランナーに相談するという手もありますが、まずは自分で作成してみたい方は、インターネットを使って気軽に計画を立ててみましょう。

パソコンの検索サイトで「ライフプラン表/ライフプランシミュレーション」などと入力すれば、無料でシミュレーションできるサイトがあります。

もっと簡単にライフプランを立ててみようと思うなら、白紙を1枚用意すればＯＫです。思いを現実化する第一歩として始めてみるとよいでしょう。

ただし、自分で計画を立てる場合、注意が必要なのは、甘く見積もってしまうことです。できるだけしっかりと詳細を決めて計画を立ててください。そうすれば、イメージと現実の数字とのギャップを明確に理解できるでしょう。

2 ライフシミュレーションの事例紹介

ここで、住宅購入に関していくつかライフシミュレーションの事例を見てみましょう。シングルのＳさんのケース、共働き夫婦Ｄさんのケース、専業主婦の妻と２人の子どもがいるＦさんのケースです。

なお、シミュレーションの数字は金融機関や試算ソフトによって異なる場合があります。

シングルの人の場合

「30歳になったのを機に中古マンションを買おうかと思っています。今後、転職したり、結婚したら売却できればと思うので、駅から近い場所の物件を考えています」

そう言う独身のＳさんは、２５００万円の１ＬＤＫの中古マンションを希望しています。

頭金をしっかり準備して借入額を少なくすることは、総返済額に大きな影響があります。そこで、頭金は少しでも多くしたいところです。

結婚や転職など、将来の不確定要素が多い場合、ローンの額はできるだけ少ないほうが望ましいです。なぜなら、売却時点での売却価格よりローン残高のほうが多くなってしまい、その差額の支払いに貯金を使ったり、別のローン会社からお金を借りたりしなければならない事態になってしまっては困るからです。

実際には投資のことも考え、売却時に値上がりすることを期待する人も多いのですが、現状ではなかなかうまくいかないケースが多く見受けられます。

また、毎月の返済額が現在の賃料に比べると少なくなったと思いがちですが、実際には管理維持費や修繕積立金、固定資産税などの出費があることを忘れてはいけません。

ローンが変動型のため、変動したさいに対応するための資金準備も重要です。

そこでSさんには、結婚や転職などの生活の変化に備え、まずは頭金を500万円から300万円とし、200万円を預貯金にすることをお勧めします。さらに借入額を抑えるために、物件を2500万から2000万円のものに下げて探す必要もあります。

また、変動金利のものを全期間固定にすると、よりリスクを減らせるでしょう。

もし、親からの住宅購入援助などが可能であれば、より高い物件を買うのではなく頭金を増やして借入額を減らすことを考えてください。

Sさんのプロフィール

年齢	30歳（会社員、独身）
年収	350万円（税込）
希望物件	2500万円　中古マンション（1LDK）
頭金	500万円
現家賃	8万5000円

Sさんの資金計画

借入額	2000万円
金利	1.275%（変動金利型、優遇金利適用）
返済期間	35年
毎月返済額	5万9056円
総返済額	2480万3552円

↓

Sさんにお勧めしたいプラン（2000万円の物件購入）

借入額	1700万円
金利	2.4%（全期間固定型）
返済期間	35年
毎月返済額	5万9866円
総返済額	2514万3720円
預貯金	200万円（頭金500万円→300万円に変更）

共働き（DINKS）の場合

「働くことが好きな妻。結婚しても仕事をしていたいという希望どおり、現在も仕事をしています。２人の収入を合算すると購入できる家の範囲も広がり、ワンランク上の家も購入できると期待も高まっています」

そう語るDさんは、３５００万円の２ＬＤＫの中古マンションを希望しています。

早めに返済して利息を軽減すること、さらに現在の家賃とほとんど差がないことから、左表のような資金計画でも大丈夫だとDさんは判断しました。しかし、毎月12万７２９円の返済額は、少し負担が大きいと考えられます。

合算収入で考えると、年収に占める返済負担率（7章の199ページで解説します）は約24％と十分に余裕があるように見えますが、子どもが生まれたり、都合により奥様が仕事をできなくなった場合、Dさんの年収４００万円で考えると、年収に占める返済負担率は約36％になります。これでは通常の返済負担率を大きくオーバーしてしまいます。

Dさん夫婦のプロフィール

年齢	夫35歳（会社員） 妻30歳（会社員）
年収	600万円（夫400万・妻200万・税込）
希望物件	3500万円 中古マンション（2LDK）
頭金	400万円
現家賃	12万円

Dさん夫婦の資金計画

借入額	3100万円
金利	1.275%（変動金利型、優遇金利適用）
返済期間	25年
毎月返済額	12万729円
総返済額	3621万8857円

↓

Dさん夫婦にお勧めしたいプラン

希望物件	3200万円
借入額	2800万円
金利	2.4%（全期間固定型）
返済期間	35年
毎月返済額	9万8604円
繰り上げ返済額	毎年50万円

また、ボーナスをあてにする方もいますが、現在はどんな企業であっても、ボーナスが減額されたり、カットされたりする可能性もあります。ボーナスに関しても慎重に検討したほうがよいでしょう。

いずれにしろ、無理に借りて支払いに奮闘するよりも、少し余裕を持ったプランにしたほうが安全です。

そこでDさんに検討してほしいプランは、全期間固定型を使って完済までの返済額を決めてしまうことです。

また、返済期間を35年、希望物件を3200万円に変更すると、借入額は2800万円、毎月の返済額は9万8604円となります。

これなら、Dさんひとりの収入で考えても返済負担率が30%を切るのでなんとか返済可能だと思います。

そして、奥様の収入から一定額を計画的に繰り上げ返済できれば、返済期間を短くして利息の支払いを減らすこともできます。購入後、毎年50万円を期間短縮型で繰り上げ返済すると、返済期間は35年（総支払金額＝4141万3478円）から22年（総支払金額＝3603万9963円）に短縮できます。

40代子どもありの場合

「家を資産とみなして購入することを考えると、いまの年齢で購入しなければ、住宅ローンも組めない可能性があると思っています。また子どもも大きくなってきて、教育費の負担も増えそうだし、仕事も60歳までと考えると返済可能なのか少し不安になります」

そう話すFさんは３９００万円の中古一戸建ての購入を希望しています。

収入からの返済負担率は17％となるので十分安心なのですが、60歳以降の15年間の支払いは退職後となるので、注意が必要です。

厚生労働省の発表する年金平均受給額（毎月）は、夫（厚生年金）15万６６９２円、妻（国民年金）５万４３２０円で、夫婦合計で21万１０１２円となります（平成21年度厚生労働省年金局）。

しかし、５年に１回の社会保障審議会では受取り開始時期が延期されたり、減額を検討するなどの審議もされているので、自分たちがもらう時期が来ても、現在の金額を受け取ることは期待はできないと、多くの方が思っていることでしょう。

さらに、現在でさえ65歳からの受給開始なのですから、60歳で退職するという予測であれば、しっかりとした資金プランを検討しなければなりません。

Fさんのプロフィール

年齢	40歳（会社員・定年は60歳）
年収	750万円（税込）
希望物件	3900万円　　中古一戸建て
頭金	900万円
現家賃	15万円

Fさんの資金計画

借入額	3000万円
金利	2.4%(全期間固定型)
返済期間	35年
毎月返済額	10万5647円
総返済額	4437万1740円

↓

Fさんにお勧めしたいプラン

- 繰り上げ返済（期間短縮型）を利用して完済
- 退職時に繰り上げ返済で負担を減らす
- 退職時に一括返済

そこで、Fさんに検討してほしい参考例を記載します。

・繰り上げ返済（期間短縮型）を利用して完済

毎月5万円の貯金をして、毎年60万円の繰り上げ返済（期間短縮型）をすると、約20年間で完済が可能となる計算になります。無理のない返済を考えるのであれば、子どもの進学を計画に入れてシミュレーション（高卒・大卒など）しておけば、何歳までに完済できるか、またいくら繰り上げれば60歳までに完済できるかがわかるはずです。

・退職時に繰り上げ返済で負担を減らす

20年後に800万円を繰り上げ返済（返済額軽減型）すると、以降の返済額は毎月5万2433円と半額になります。退職後の生活を考えると、大きな軽減になるはずです。この頃になると子どもの教育費の負担もないはずなので、退職後の生活を考慮しながら、できるだけ繰り上げ返済をしてください。

・退職時に一括返済

60歳の退職時に退職金や貯金を使って一括返済をします。20年後の残債は約1600万円です。ただし、退職後の生活バランスが崩れないように返済金額を検討してください。

Column

住宅ローン以外にかかるお金①　子どもの教育費

ローンを考えるさいには、返済金額以外にも、日々の生活費のことを忘れてはなりません。そこで、本コラムと、228ページのコラムでは、主な生活費がそれぞれいくらかかるのかご紹介しましょう。

将来、子どもを育てることを考えている方にとって、無視できないのが教育費でしょう。

文部科学省の調査によると、大学卒業までに必要な学費・生活費は、塾にも行かずストレートですべて国公立を卒業するコースで、子ども１人当たり約1000万円。私立コースなら2500万円程度かかります。22年間で月割りにすると、１人当たり４万～10万円になります（高校までは文部科学省「平成22年度子どもの学習費調査」、大学は日本学生支援機構（JASSO）「平成22年度学生生活調査結果」より）。

教育費の資金計画として、子どもが生まれる以前から資金を積み立て始めるとよいでしょう。特に積立型の保険などで、少し多めに貯蓄できるのであれば、自分の老後のためと子どもの教育費の両方にあてるという考え方で、早い段階から貯金をしていくと効率的です。

目標額の目安は、大学進学時に300万円。これは、生まれてすぐ始めたとしても、18年間子どもの分だけを考えて、月額約１万4000円で達成できます。

また、運用期間が長ければその分、利子も得られます。可能ならば保険を10年払いにして、18歳以上、もしくは20歳以上までも据え置きできる商品を購入するのが効率的です。

教育資金は使う時期が決まっている資金なので、利回りの高い商品で運用するよりも、確実に貯まるリスクの低い方法での貯蓄をお勧めします。

7
章

住宅ローンの基礎知識と安心できる借り方

1 住宅ローンの基礎知識

ローンの借入先と目的別種類

辞書を引くと、「ローン」とは「貸付、貸与」とあります。

手元の貯蓄でカバーしきれない場合は、お金を借りて返済することになるので、住宅購入や自動車購入、教育費など生活設計を支える手段にもなります。

この章ではローンに関して、基本的な事項や是非知っておいてほしい情報などを説明していきます。

まず、ローンには借入先やその内容によって、次のような分類、特徴があります。

・ローンの借入先

ローンの借入先には、銀行などの民間金融機関、信販会社や消費者金融などのノンバンク、そして住宅金融支援機構（旧住宅金融公庫）や日本政策金融公庫（旧国民生活金融公庫）などのような公的な機関があります。

一般的に公的な機関のローンは、使途や借入条件、借入限度額などに制約がある一方で、金利が比較的低めで固定タイプのものが多いのが特徴です。

一方、民間の金融機関やノンバンクは、使途や借入条件が比較的緩やかで、借入限度額も大きく、金利や返済期間など選択肢が多くなっていますが、金利は公的機関のローンと比べると、比較的高い設定になっている場合が多くなります。

・ローンの種類

ローンはその借入目的から、「使途が限定されたローン」（住宅ローン、自動車ローン、教育ローン、他の目的別ローン）と「使途が自由なローン」（フリーローン、カードローン）に大別できます。

一般に、「使途が限定されたローン」は、使途を証明する書類が必要なことが多く、同じ金融機関であれば「使途が自由なローン」に比べて金利が低いというメリットがあります。

また、ローンには借入条件として、担保提供の必要なローンと不要なローンがあります。前者が「有担保ローン」、後者が「無担保ローン」と言われます。

有担保ローンのほうが金利も低く、借入限度額も多い傾向があります。また、有担保ローンのほうが長期間の借入が可能となります。

2

ローンを選ぶときのポイント

利便性が高いローンほど、金利は高くなりがち

中古住宅を購入するさいに使う住宅ローンは、公的金融機関や銀行、保険会社などで取り扱われます。

先に述べたように、一般的に公的金融機関のローンは金利が低く、民間金融機関のものは金利が高くなります。また、審査基準が厳しいほど金利は低く、借りやすいものほど金利は高くなります。

ローンを選ぶさいには、とにかく融資額が多い、融資までのスピードが速い、手続きが簡単といった点を優先しがちですが、利便性が高いものほど金利は高くなる傾向があります。借入れるときは便利でも、その後の返済のこともよく考えて選択する必要があります。**少々の手間がかかっても、金利が低いものを選ぶことでトータルの返済額を大きく削減**できます。

金利のタイプには、固定金利と変動金利があります。**変動金利には、当初は金利が低くても、将来金利が上昇するリスクも**あります。この点にも注意して選択してください。

金融機関別　取扱いローンと特徴

		主な取扱いローン	特徴
公的金融機関	住宅金融支援機構 （旧住宅金融公庫） 年金住宅福祉協会	**住宅ローン**	一般的には基準金利は低いが、限度額に対する制限などが民間ローンに比べてやや厳しく、審査にも時間がかかる場合がある
	日本政策金融公庫 （旧国民生活金融公庫） 雇用・能力開発機構	教育ローン	
銀行・保険会社など	都市銀行 地方銀行 信用金庫	**住宅ローン** 自動車ローン 教育ローン ブライダルローン 多目的ローン カードローン	各金融機関で基準が審査され、商品種類も多く、優遇金利など自由度は高い
	ゆうちょ		民間の金融機関とそれほど変わらず、商品も充実。ただし金利優遇面を考えると、若干劣る部分もある
	ネット銀行		ウェブサイトで手続きできるため簡易感もあり、一般の銀行よりも金利は低い傾向がある
	生命保険会社	**住宅ローン**	提携ハウスメーカー経由で申込むと、金利優遇がある
	損害保険会社	自動車ローン 多目的ローン	金融機関と大きなちがいはなく、審査・手続きにはウェブサイトから申込可能
その他金融機関	信販会社	カードローン 自動車ローン 教育ローン 多目的ローン	銀行に比べ金利は比較的高いが、即日審査も多く気軽に利用できる
	銀行系信販会社	カードローン	金利が比較的安いが、審査基準が厳しめになる。またスピードも早くなり、即日審査も多い
	消費者金融	不動産担保ローン キャッシングローン	無担保ローンや無記名で簡単審査もでき、気軽に利用することが可能
	JAバンク	**住宅ローン** 自動車ローン 教育ローン 多目的ローン カードローン	JAの組合員を対象とする融資制度。各地域ごと独自のキャンペーンもある

3 【銀行と住宅金融支援機構の審査は何がちがう？】

審査は同じでも重点がちがう

一般的には、住宅ローンを利用する場合、民間の銀行（金融機関）か住宅金融支援機構（フラット35）を利用するケースが多くなるので、ここでは両者を比較してみます。

住宅ローンの審査においては、「物件」に対する審査と「人」に対する審査の両方が行われます。**「物件」審査は「物件の価値」や「物件の優良性」などが対象**となり、**「人」に対する審査は「返済できる能力・資質の有無」が審査の対象**となります。

銀行融資であってもフラット35であっても、それぞれに対する審査は同じように行われるのですが、重きを置いている箇所にちがいがあります。

銀行の審査基準は「人」

銀行が融資をする場合、主に「人」に対する審査が基本となります。つまり、年収や勤務実績などから見て、数十年にわたる住宅ローンを遅滞なく支払い、完済するだけの能力があるかどうかが、融資判断の基準となっています。

その上で、物件の価値を見て、仮に融資対象となる人がローンを返済できなくなったとしても、物件に担保価値があるかどうかを判断の材料としています。

また、その「人」には、勤務先などの会社の状況（大企業・中小企業・安定しているかどうか）なども含まれます。そのため、中小企業で会社が赤字の経営者などの場合、どれだけ個人的に収入があっても審査に通らない場合もあります。

住宅金融支援機構（フラット35）の審査基準は「物件」

住宅金融支援機構の場合、主に「物件」に対する審査が基本となります。

住宅金融支援機構は旧住宅金融公庫融資の体質を残す半公的融資と言えますが、対象住宅について、住宅金融支援機構が定める独自の技術基準に適合していることを証明する適合証明書の交付を受けることが必要となります。

この適合証明書がなければ、住宅金融支援機構による住宅ローンを設定することはできません。

また、中古戸建て・中古マンションの購入については、**不動産仲介会社の担当者にフラ**

ット35の対象となる建物か否か、確認することが大切です。

もちろん、フラット35でも住宅ローンを利用する人の返済能力についても審査を行いますが、審査の基準として、銀行の住宅ローンと比較すると「物件」のほうに重点が置かれているようです。

「自営業者・会社経営者」であれば、本人の勤務先をあまり見ないという特徴もありますので、銀行での融資が難しい場合でも住宅金融支援機構なら審査に通るというケースもあるようです。

4 住宅ローンを借りるための条件

「いくら貸すか」は、返済負担率で判断される

住宅を購入する人にとっては、「いくらお金を貸してくれるのか」がとても重要なところでしょう。

金融機関では一般的に、**返済負担率（1年間の収入に対する返済金額の割合）を使って返済額を判断**しています。

また、この返済負担率には2つの意味があります。

ひとつは「金融機関がいくら貸してくれるか」、もうひとつは「いまの生活の中で無理なく返せる額はいくらなのか」を割り出せるのです。

ちなみに返済負担率の計算方法は、金融機関が独自に基準を設けており、各金融機関によって異なります。

さらに、審査で金融機関がチェックする内容は、勤務先・勤続年数・年齢・年収・家族構成・他社からのローン状況・その金融機関との取引の有無などがあります。

金融機関が貸してくれる住宅ローンの額

一般的に銀行や信用金庫などの金融機関では、借りる人の年収により返済負担率を25〜40％程度としています。通常、試算するさいは、**目安として30％程度で計算**するとよいでしょう。

もし、マイカーローンやキャッシングなど、住宅ローン以外のローンがある場合は、それらをすべて含めて返済負担率を計算します。

ほかに借入れがある人は、その分、住宅ローンで借りられる額は低くなります。住宅ローンを組む前に、そのほかのローンはできるだけ完済しておいたほうがよいでしょう。

また、住宅ローンを借りるにあたって、自分だけでは最低年収のラインを下回ってしまったり、希望額が借りられない場合は、**家族の年収を合算できる場合も**あります（収入合算）。収入合算は金融機関によって、合算者の年収の全額が合算できる場合や、半分までしかできない場合などの独自の規定があります。

住宅ローンの審査において所得金額をチェックするさいの審査対象は、確定申告の所得金額と給与支給総額（所得控除前の金額）です。そして、融資してもらえるのは、一般的にそれらの対象から証明された年収の30％前後です。

借入額3000万円、金利2.50%、借入期間35年、元利均等返済（ボーナス返済なし）、税込み年収500万円、ほかに借金なしの場合

返済総額：4504万4199円

毎月の返済額：10万7248円

年間返済額：128万6976円

返済負担率＝年間返済額128万6976円÷税込年収500万円×100＝25.74%

たとえば、上図のケースを考えてみましょう。

審査の基準が30%以下の場合、上のように返済負担率25・74%であれば、基準はクリアしていることになります。ボーナス返済を入れても返済負担率はあまり変わりませんので、上図の例を参考にご自身の返済負担率を計算してみてください。

それでは、これで日々の生活はできるのでしょうか？

返済負担率は税込の年収で計算しますので、税込年収500万円から年間返済額の128万円を引きます。そこから、社会保険料や所得税・住民税などを差し引くと、残りはおおよそ300万円くらいになるかと思います。

現在、毎月いくら使ってやりくりしているかを考えると、ローンを支払う場合との比較がしやすいのではないでしょうか。

金利が変動した場合、返済総額はどうなる？

次に、金利が変動した場合を考えてみます。

たとえば返済開始から５年経過後に、金利が２・５％から４％に変動したとします（下図参照）。

この例では、返済負担率の基準である30％をオーバーしてしまいます。金利が２・５％から４％に上がっただけで、これだけ負担（毎月２万２３３７円）が増えるので十分に気をつけたいところです。

さらに金利だけでなく、今後の社会情勢によっては消費税や物価が上がる可能性も高いでしょう。

返済負担率は25％前後を見て、金利が変動した場合にも余裕がもてるプランを検討してください。

借入額3000万円、金利１～５年目2.50％、６年目～４％、借入期間35年、元利金等返済（ボーナス返済なし）、税込み年収500万円、ほかに借金なしの場合

返済総額：5308万5782円（201ページ図との返済総額の差804万1583円）
毎月の返済額：12万9585円（５年経過後から）
年間返済額：155万5020円
返済負担率＝155万5020円÷税込年収500万×100
＝31.10％

ほかに注意していただきたいのは、融資前に国民年金や住民税などの不払いや滞納がある場合です。

住宅ローンを組んだ時点での滞納税金は、銀行よりも優先される債権なので、税金の滞納が発覚すると、金融機関が融資してくれなくなる恐れがあります。住宅ローンを契約する前に、税金の滞納をなくしておかなければなりません。

住宅ローンを組む準備には最低3年かける

マイホームの購入を考え始めたら、少なくとも3年前からしっかりと所得を申告し、借りようとする銀行に口座を作って給与支払いや公共料金払い込みなどの長期取引をするとよいでしょう。さらに、他の目的の借入をなくし、借金がある場合は完済しておくなどの準備を進める必要もあるでしょう。

最終的には銀行が判断することですが、マイホーム獲得の夢を実現するためにも、普段から将来を見据え、着々と努力しておくことが大切となります。

5 無理なく返せるローンの総額を知る

「借りられる額」と「無理なく返せる額」は別もの

住宅ローンを検討するさいに絶対に忘れてはいけないのは、「借りられる額」と「無理なく返せる額」は別のものであることです。

「無理なく返せる額」は、ライフスタイルやお金の使い方なども影響してきますし、マイホーム購入後に増えるコストも考慮に入れて計算しなければいけません。

毎月無理なく支払えるローン返済額は、**①「毎月支払える住宅費」から、②「取得後の維持費」を差し引いたもの**となります。

まず、①の「毎月支払える住宅費」がいくらなのか計算します。これは、現在の家賃と駐車場代に、マイホーム取得のため毎月積み立てていた金額をプラスして算出します。

続いて、②の「取得後の維持費」。これは、住宅を取得することで増える支出です。

一戸建てなら、10年後、20年後といった将来の修繕費を準備しておく必要があります。

また、家が広くなれば照明や冷暖房費もこれまでより多くかかり、光熱費などに1～2割程度の増加分も見ておきたいものです。

さらに、繰り上げ返済を考えている人は、そのための貯蓄費も計画に入れておきましょう。

ローンの返済以外に必要なお金

住宅ローンの返済以外にかかるものとして、固定資産税・都市計画税があります。マンションなら管理費・修繕積立金が発生し、駐車場・駐輪場代もかかってきます。

マンションと一戸建てを同じ立地で比べたら、もちろん一戸建てのほうが高額となります。敷地を何十世帯、何百世帯で共有しているマンションに対して、すべて個人で所有する一戸建てでは、価格全体に占める土地のウェイトが高い分だけ一戸建てが高額になるわけです。

土地が高いと固定資産税評価額も高くなり、それとともに各種の登録免許税も高くなってきます。

「無理なく返せるローン総額」は、たとえば借入金2598万円の場合、「毎月無理なく支払えるローン返済額」が10万円として、返済期間35年、固定金利3％で試算すると総額約4200万円です。これが「無理なく返せるローン総額」となります。

現状の生活と比較した「無理のない毎月返済額」の計算

無理のない毎月の返済額＝

（現在の家賃・現在の駐車場代＋住宅資金用積立の月平均額）－住宅取得後の月額維持費

固定資産税・都市計画税・マンションの場合管理費・修繕積立金・将来の修繕費積立金・光熱費・駐車場代　など

例：100,000円＝

（125,000円（現在の家賃・駐車場代）＋25,000円（積立））－50,000円（固定資産税・光熱費など）

ローンの返済以外にも
これだけのお金がかかる！

6 購入後にかかるお金も考えておこう

固定資産税と都市計画税

固定資産税は、土地・家屋・償却資産（これらを固定資産と言います）の所有者が、固定資産の価格をもとに算定された税額を、固定資産の所在する市町村に納める税金です。

都市計画税は、快適な街づくりのための都市計画事業（下水道・公園・道路などの整備）や、土地区画整理事業に要する費用にあてるために設けられた目的税です。都市計画税は、都市計画法による都市計画区域のうち、市街化区域内に所在する土地・家屋に対して課税されます。

これらは景気や本人の職業にかかわらず、不動産を所有していれば支払わなければならない税金です。固定資産税と都市計画税の計算方法は、次ページの図で紹介しました。

固定資産税と都市計画税の計算方法

- **固定資産税（建物）＝固定資産評価額×税率1.4％**
- **固定資産税（土地）＝固定資産評価額×税率1.4％×$\frac{1}{6}$**

※1／小規模住宅用地の軽減措置

- **都市計画税（建物）＝固定資産評価額×税率0.3％**
- **都市計画税（土地）＝固定資産評価額×税率0.3％×$\frac{1}{3}$**

※2／小規模住宅用地の軽減措置

※1／住宅用地は200㎡以下の部分を「小規模住宅用地」と言い
課税標準額が6分の1に軽減されます。
※2／住宅用地は200㎡以下の部分を「小規模住宅用地」と言い
課税標準額が3分の1に軽減されます。

固定資産税評価は一般的に実勢価格の60～70％くらいとされています。
たとえば建物：1000万円　土地：1500万円とすると、

- **固定資産税（建物）＝98,000円**
- **固定資産税（土地）＝24,500円**
- **都市計画税（建物）＝21,000円**
- **都市計画税（土地）＝10,500円**

程度の金額になります（70％評価での試算）。

修繕積立金・管理費

修繕積立金とは、マンションの屋上の修繕など数年から数十年に一度の修繕のために毎月積み立てていく資金のことです。

費用は物件によってちがいますが、国土交通省のデータ（平成20年）によると、平均は月に1万1877円となっています。

また、戸当たりの管理費（平成20年度マンション総合調査）は、全体の平均は1万990円/戸・月ですが、20戸以下のマンションでは1万3714円/戸・月で、501戸以上のマンションの場合は7093円/戸・月となっています。規模の大きなマンションのほうが安上がりとなっています。

生活予備費

ローンの返済総額を減らそうと頭金を増やし、手元資金をほとんど残さない方が時々います。しかし、会社の倒産やリストラ、家族が病気で入院した、事故にあった、親が倒れたなどのリスクに備え、「生活予備費」はしっかり手元においておく必要があります。

目安として、生活費の半年から1年分を別に蓄えておく必要があります。自営業の方は会社員よりも保障が薄い分、多めに備えておくと安心です。

7 住宅ローンの事前審査を利用する

審査に通るか心配になったら

事前にいろいろ計算をしてみたけれど、実際にローンの審査の権限を持っているのは金融機関なので、審査に通るかどうか心配になるかもしれません。審査に通らなくてはローンを組めず、住宅も手に入りません。

そんなときは本審査に行く前に、住宅ローンでは事前審査を受けることができます。住宅ローンの場合、本審査では年収の額を証明する書類などを用意することになりますが、事前審査の場合、詳細な書類を用意しなくても審査をしてくれます。ただし、事前審査申込書に必要事項を記入する必要があります。

住宅ローンを扱っている金融機関であれば、だいたいどこでも無料で行っています。

住宅ローンの事前審査は、結果は比較的早くわかり、2、3日中、もしくは当日という場合もあります。

事前審査と本審査では異なる点も

事前審査で問題がなければ、事前審査と同じ条件で本申し込みを行い、今度は収入証明などの書類をすべて提出します。その上で確認が取れれば、借入が可能となります。

事前審査を活用するという点では、いくつかの金融機関で事前審査を受けて、手数料や金利などの条件を確認しながら、条件の合うところで借入を申し込むことも可能です。

住宅ローンの事前審査と本審査で異なるのは、事前審査では借入を行う本人自体の審査が主となり、本審査では購入する予定の住宅やその他の条件を含めた総合審査になるという点です。

また、事前審査は金融機関が独自に実施しますが、本審査では信用保証会社が入って調査を行います。

事前審査でＯＫが出た場合でも、他社でもローンを借りていた場合や、転職して3年未満の場合など、条件に合わなければ本審査で通らない場合もあるようです。

注意したい点は、事前審査はあくまでも仮の審査です。**事前審査に通っても、本審査には通らない可能性**があります。確実にローンを借りられると思って、住宅購入の契約を早まらないようにしてください。

8 元利均等返済と元金均等返済のちがい

――住宅ローンの仕組み❶

毎回の返済額が少ないと、総返済額が増える

住宅ローンは、金融機関などからお金を借りて、借入れた翌月から支払いを開始するのが一般的です。返済方法には、「元利均等返済」と「元金均等返済」があり、それぞれに「毎月払い」と「毎月・ボーナス併用払い」があります。

元利均等返済とは、毎回の返済額が一定で、返済期間の経過にしたがって返済額に占める利息部分と元金部分の割合が変化していく返済方法です（図1参照）。一方、元金均等返済とは、毎回の元金部分の返済が一定で、それに利息を上乗せして返済していく方法です（図2参照）。

借入金額、借入金利、返済期間が同じ場合、元利均等返済よりも元金均等返済のほうがトータルの利息負担は軽く、返済総額が少なくなりますが、毎月の返済額は多くなります。

また、元金均等返済は金融機関などによっては取り扱っていない場合もあります。

元利均等返済と元金均等返済のイメージ

図1：元利均等返済のイメージ

図2：元金均等返済のイメージ

毎月払いは、借入金額のすべてを月々の返済のみで返していく方法です。毎月・ボーナス併用払いは、借入金額のうち最大で4～5割までを、年2回のボーナス時に返済するように振り分ける方法です。

設定できる返済期間は最長35年とする金融機関などが多いのですが、通常、返済終了時の年齢制限（75歳や80歳など）があります。なお、一部の金融機関などでは最長45年や50年としているところもあります。

返済期間は、長くすればするほど毎回の返済額が少なくなりますが、その分、トータルの利息負担は重くなり、総返済額が増えてしまう点には注意が必要です。

9

固定金利と変動金利はどちらが有利か

——住宅ローンの仕組み❷

損をしないために、金利の仕組みを理解する

住宅ローンの金利を、固定にするか変動にするかという問題にはさまざまな意見があり、賛否両論となるところです。

住宅ローンは金利によって返済総額が大きく影響されますので、融資を受ける時点では、返済総額が一番少なくなるであろう金融機関で決定するはずです。

金利の種類によっては、将来の市場動向や金融市場などに左右されるものもありますので、長期的な視点から検討してください。

「固定金利にするか、変動金利にするか」を検討するさいには、まず**将来において金利がどのように動いていくことが予想されるのか**という点と、**今後の生活状況を視野に入れておくということ**、そして、**金利の仕組みを理解すること**が大切になります。

全期間固定金利のタイプと変動金利のタイプ

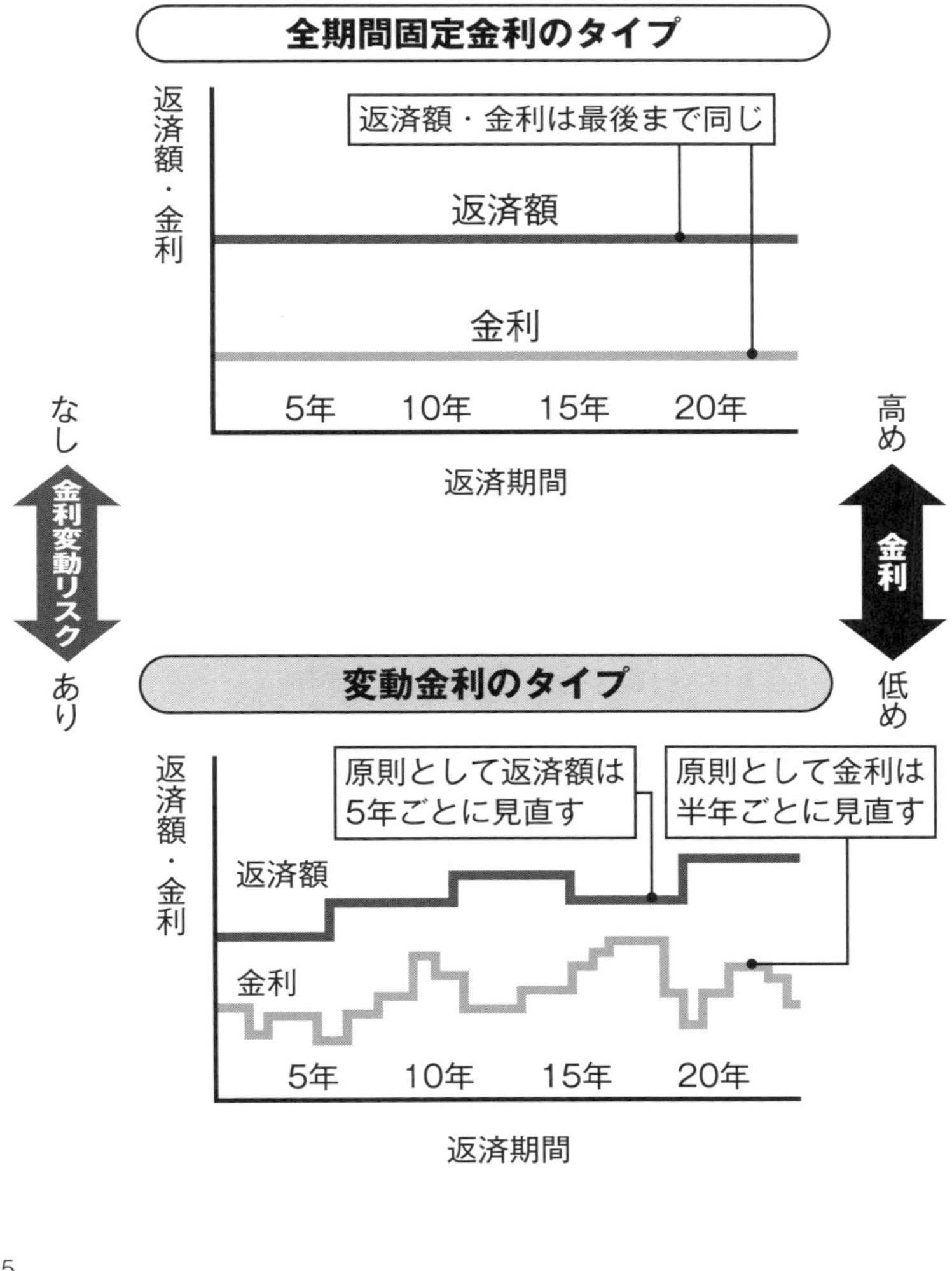

返済額が一律になる固定金利

住宅ローンの金利のうち固定金利というのは、**ローンの申し込み時に決められた金利が、返済の終了までそのまま続く**というものです。

固定金利は、金利が一定で変化しないことから、毎回の返済額が固定されるので、生活設計がそれほど大きく変動しません。住宅ローンを取り扱っている住宅金融支援機構では、ほとんどの場合、固定金利が使われています。

住宅ローンの金利はそもそも長期金利（10年新発国債の金利）が基準となっています。長期金利の推移は、日本相互証券株式会社のホームページ（http://www.bb.jbts.co.jp/）を見るとわかります。

それでは、長期金利は何に影響を受けるのか、どうやって決まるのかを見ていきましょう。

一般的に景気が低迷しているさいには金利水準が低く、景気がよくなれば金利が上がると言われています。また、長期金利は債券市場の影響を強く受けることもあり、債券市場の動向に左右される側面があります。

そして、将来の見通しを考えると少子高齢化、人口の減少、円高、新興国の成長による資源価格の高騰、欧米の景気悪化による外需の落ち込み、増税、震災の影響や原発事故による風評被害、産業の空洞化の影響などが、日本の景気を左右すると思われます。

景気がよくなると、日銀が金融を引き締めますので金利が上昇します（＝債券価格は低下する）。景気が悪くなると、日銀が金融を緩和しますので金利が下降します（＝債券価格は上昇）。


しかしたとえば、日本の財政の悪化により政府が国債を大量発行し、国債の信用力が低下して国債の価格が下落したとします。すると、金利の上昇となります。

景気が後退する中でも、国債の信用力そのものの要因から国債の価格が低下する場合があるかもしれません。景気が後退する中での長期金利の上昇も十分に考えられるのです。

ただし、いまのところは過去に比べ、固定金利は非常に割安ではないかと考えられます。

固定金利の代表的なものには「フラット35」があります。

・「フラット35」

民間金融機関と住宅金融支援機構が提携して提供している全期間固定金利型の住宅ローンが「フラット35」です。固定金利が最長35年間適用されるので、金利上昇リスクを抑えることができます。

・「フラット35S（優良住宅取得支援制度）」

「フラット35S（優良住宅取得支援制度）」は「フラット35」を利用する人が、省エネルギー性・耐震性などの要件を満たす住宅を取得するさいに、当初5～10年間の借入金利について、年0・3％引き下げる優遇措置を受けることができます。

短期プライムレートと連動する変動金利

住宅ローンの金利のうち変動金利というのは、社会の金利水準の変動によって金利が変動していくタイプです。

変動金利は、4月1日と10月1日の短期プライムレートを基準として毎年2回、利率の見直しを行い、5年に一度、返済金額を見直す作業が行われます。つまり、**変動金利型は短期プライムレートの動きに連動**しているのです。

短期プライムレートとは、銀行が最優良企業に1年未満の期間で資金を貸し出すさいの金利のことです。資金を調達するためにかかったコストや、今後の金利動向を見ながら決められています。また、日本の政策金利にも影響されています。

政策金利は日銀が行う金融政策のひとつで、景気の動向などにより金利の引き上げや引下げが行われます。

政策金利が変わるときにはニュースや新聞でも大きく報道されるので、注意しておくとよいでしょう。

変動金利ではさまざまな要因により金利が急激に上がった場合でも、セーフティネットとして、**返済額の上限をそれまでの25%アップまでにとどめるという上限設定**があります。

これがないと金利が歯止めなく上がってしまう恐れがあるため、返済する側はローンの返済ができず破産してしまうことにもなりかねません。

変動金利を活用するコツ

さらに変動金利については、住宅ローンの借入期間が短い場合、**変動金利で返済総額を抑えることも可能**です。これは、ローン開始後の短期間で急激に金利が大きく変動することはあまりないので、変動金利で金利を低くしておくと、安く借りられる場合もあるからです。

固定金利の場合は、変動金利よりは最初の金利が高く設定されていることが多いので、借入期間が短い場合は返済額が多くなることもあります。

また、住宅ローンの固定金利では、繰り上げ返済を実行しようとすると手数料の支払いが必要な場合もあります。一方、住宅ローンを変動金利型にすると、**繰り上げ返済をしても金融機関によっては手数料がかからないことも**あります。

住宅ローンを固定金利にするか変動金利にするかは、返済総額も毎月の返済額も変わってくることから、将来の生活に影響を及ぼします。

返済期間をトータルに見たり、途中で繰り上げ返済や借り換えを行うことも視野に入れて、どちらにするかを検討するしかありません。

変動金利の場合、数年ごとに見直しをすることになりますので、今後の返済についてシミュレーションをしてみる必要があります。

住宅ローンの金利の仕組み

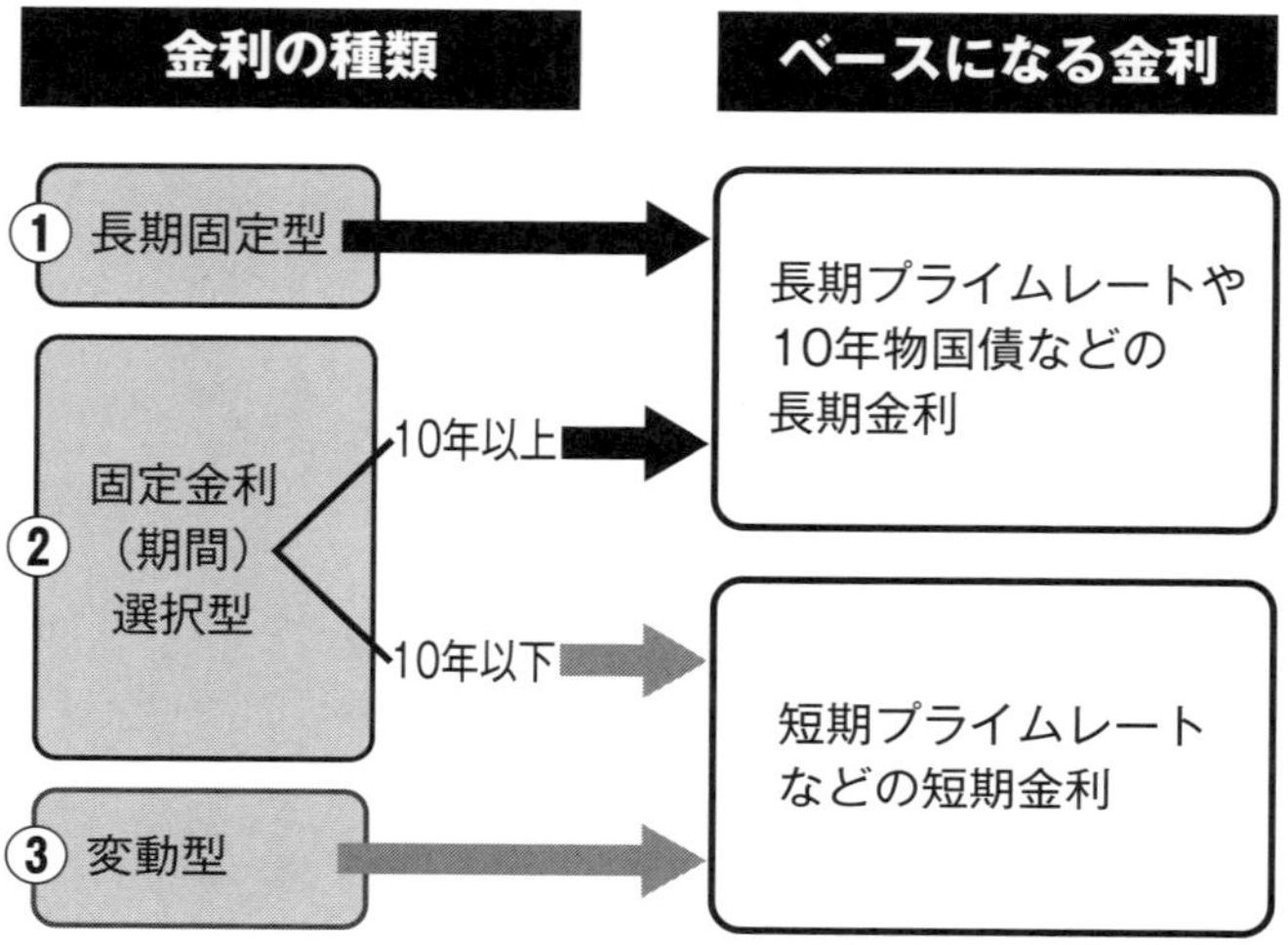

どちらにもメリット・デメリットがある

下の表を見てもわかるように、現在は、短期プライムレートは非常に低い値で推移しています。そのため「変動金利型」で住宅ローンを組む人が多くなっています。

短期プライムレートは長期プライムレートよりも値動きが遅いため、長期プライムレートが高くなってきたら要注意と言えます。

その後には短期プライムレートも上がってきますので、住宅ローンに変動金利型を選択している人は、**長期プライムレートが上昇し始めたら**

プライムレート推移

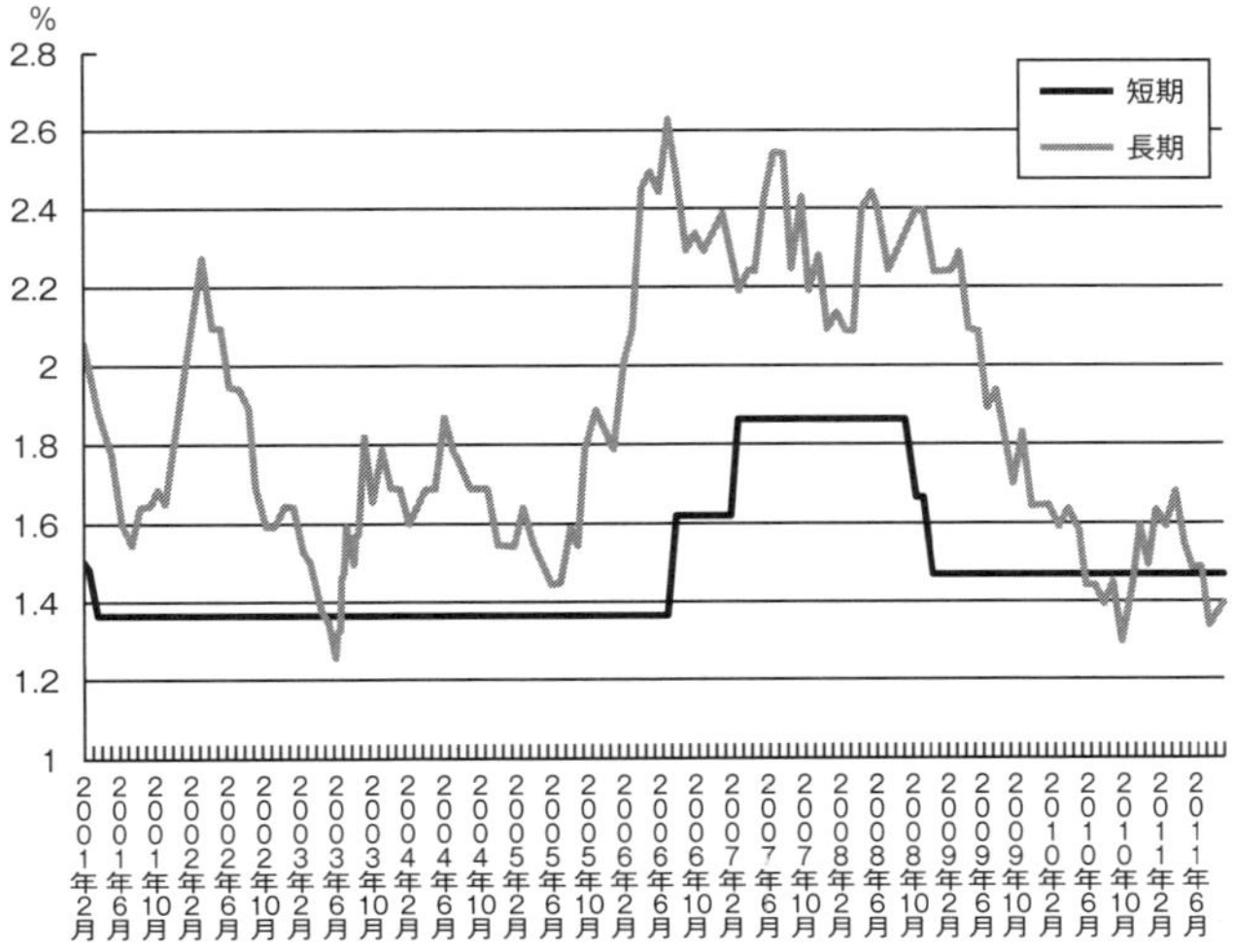

「固定金利選択型」への移行を検討すべきとも言われています。

結局のところ、固定金利型も変動金利型も一長一短あるわけです。

ただ、私個人としては、将来の展望を確定して計画を立てていきたい方には固定金利型。また、借入期間が短かったり、株などの投資経験者であれば変動金利型で、景気動向を予想しながら繰り上げ返済などを積極的に行っていけば有利に展開できると考えています。

いずれにしろ、ご自身の性格も見極めた上で決定していただきたいと思います。

10 無理のない繰り上げ返済をめざす

期間短縮型と返済額軽減型の選び方

「繰り上げ返済」とは、決められた毎月の返済額とは別に返済を行うことです。この繰り上げ返済には、返済期間を短くする「期間短縮型」と、期間を変えず毎月の返済金額を減らす「返済額軽減型」があります。

「期間短縮型」は毎月の返済額以外にまとまった金額を一括で払うことにより、**毎月の返済額を変えずに残りの返済期間を短縮する方法**です。まとまった金額を返済することでローン残高が減るために、何回分かの返済を減らすことができます。そして、その回数分の支払利息が軽減されるため、利息軽減効果は「返済額軽減型」に比べると高くなります。

一方、「返済額軽減型」は返済期間中に住宅ローン残高の一部を早期に返済し、**返済期間はそのままにして毎回の返済額を減らす繰り上げ返済方法**です。元金を早期返済した分、総支払利息額は減少しますが、期間短縮型よりはその効果が劣ります。

利息の軽減効果は期間短縮型のほうが大きいのですが、どちらを選ぶかを利息額だけで決めるのは賢明ではありません。自分の生活状況や目的に合う方法を選びましょう。

２種類の繰り上げ返済

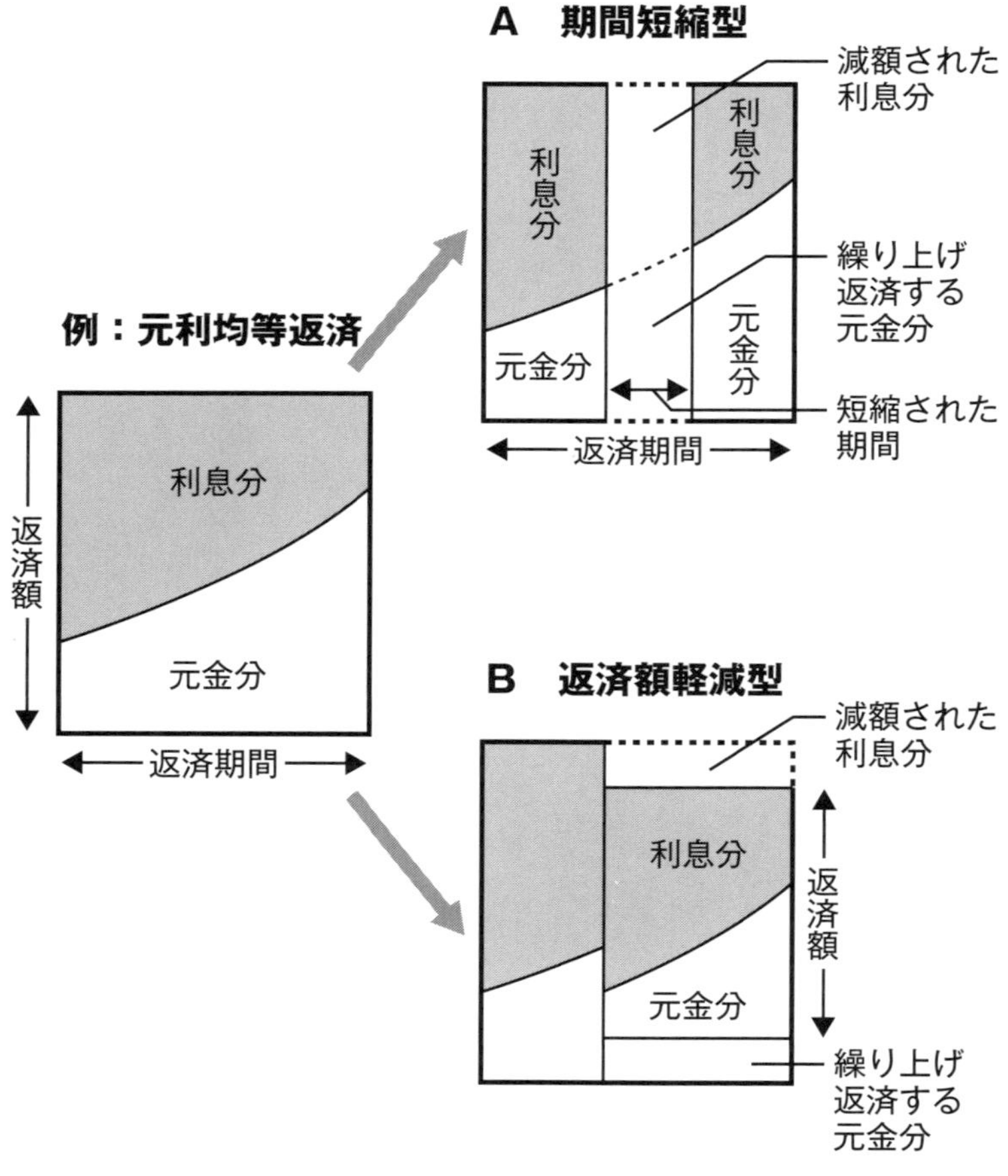
A　期間短縮型
減額された利息分
利息分
利息分
繰り上げ返済する元金分
元金分
元金分
短縮された期間
返済期間
例：元利均等返済
利息分
返済額
元金分
返済期間
B　返済額軽減型
減額された利息分
利息分
返済額
元金分
繰り上げ返済する元金分

繰り上げ返済のシミュレーション

ローン残高：3000万円
借入金利３％：(全期間固定)
残り返済期間：35年　元利均等返済（ボーナス返済なし）
条件：５年目で100万円を繰り上げた場合
繰り上げ前の元金残高：2738万4684円
毎月返済額：11万5455円

A （期間短縮型）

毎月返済：11万5455円
残り返済期間：28年４カ月
減少する利息額：134万6575円(約234万円 − 元本の100万円)

B （返済額軽減型）

毎月返済：11万1239円
残り返済期間：30年０カ月
減少する利息額：51万7760円(約151万円 − 元本の100万円)

利息軽減の魅力に惑わされない

前ページ図のシミュレーションを見てください。これは、借入れの5年後に100万円を繰り上げ返済したケースです。

繰り上げ返済した100万円が、28年で約234万円（複利計算で約3・1％）になったのと同じ効果が得られたと考えることができます。（Aの期間短縮型）

現在の低金利時代では、100万円を28年後に2倍以上にできる（金融）商品はほとんど見当たらないはずです。しかも確実に手に入る効果なのです。すごいことだと思います。

ちなみに、10年目、20年目で100万円を繰り上げ返済すると、

10年目＝残り返済期間23年7カ月　減少する利息額＝101万5943円
20年目＝残り返済期間13年11カ月　減少する利息額＝52万8856円

となり、期間短縮型の繰り上げ返済を行う場合は、できるだけ早い時期に金利が高い住宅ローンの返済をしたほうが、より効果的であることがわかります。

また、5年目で100万円を繰り上げ返済して、返済額を変更する場合（Bの返済額軽減型）は次のようになります。

毎月返済額：11万1239円
残り返済期間：30年
減少する利息額：51万7760円

100万円を支払うことにより、今後30年間にわたって毎月4224円を受け取っていくのと同じ効果が得られたと考えられます。

繰り上げ返済では、比較的利息の軽減効果が大きい期間短縮型を積極的に行う方がいます。返済に余裕のある方なら結構ですが、貯蓄に回すお金を考えておかないと、あとあと予想しなかった支出に対応できなくなることもあります。

繰り上げ返済を急いだばかりに、教育ローンやマイカーローンを後で借りたりするのでは本末転倒です。

Column

住宅ローン以外にかかるお金②　車の維持費

車に関しては、生活スタイルや居住する地域によってその必要性は異なります。いずれにしても車を所有すると、数年ごとの買い換え時に購入費用、そして毎年必要な維持費としてさまざまな費用がかかります。

たとえば、５人乗りハイブリッドカーを、年間１万キロ走行、10年ごとに乗り換え、20歳～70歳まで所有した場合、年間維持費として約67万円必要になります。

ガソリン代１リットル140円、駐車場代毎月１万5000円
購入費用／年（購入費／買い換え年）：24万5000円
自動車税／年：３万9500円　自賠責保険／年：１万1235円
重量税／年：１万8900円
ガソリン代／年（燃費20キロ／リットルで計算）：７万円
自動車取得税／年（自動車５％）：１万1235円　任意保険／年：６万円
駐車場代／年：18万円　車検代（1年・保険税抜き）：３万9865円
年間維持費：67万5735円　50年間維持費：3378万6750円

これらの生涯コストは、あくまで現在の価格水準をもとに計算していますので、今後、物価が仮に２％ずつ上昇したとすると、上記の金額の1.6倍程度となります。

自動車にかかる維持費が年間67万円であれば、たとえば東京の場合、タクシー初乗り710円なら年間943回も乗れます。これなら、平日はほとんどタクシーで移動できますね。また最近では、近くのコインパーキングで15分200円程度のレンタカーを借りることもできます。

50年で3000万円の維持費がかかる……と考えてみると、旧来の常識にとらわれることなく、時代の変化とともにライフスタイルを変化させて、固定資産を軽減してみるのも大事なことです。

8章

住宅に関する保険のかしこい加入法と活用法

1 保険のことは専門家に相談する

ライセンスを持っていても、詳しいとはかぎらない

お客さまと面談をして保険証券を拝見させていただき、加入の経緯を聞くと「不動産会社の営業マンにお任せしている」という答えがほとんどです。

ちなみに、不動産会社の営業マンのほとんどは、不動産のプロではありますが、保険のプロではありません。

先日、引越しをしたさいに不動産会社で手続きをしていると、「我々は保険をメインに販売しているわけではないので、後藤さんのほうが詳しいでしょうから、細かい話は大丈夫ですね」と、苦笑いしながら言っていました。

それでは保険は、どこで購入したり、相談したりすればよいのでしょうか。

やはり「餅は餅屋」というように、保険の専門家に聞くことをお勧めします。さらに**損害保険を数社取り扱っていて、相互に比較ができる営業マンや店舗で相談するとよい**でしょう。

請求し損ねたり、新商品を知らないことも

保険というものの性質上、どうしても内容が複雑になるため、不動産会社では商品の内容、使い方の説明なども詳しくされていなかったり、売りっぱなしになってしまう場合が多く見られます。

実際に事故が起きたり、地震が起きて被害が出ても、それが請求対象になるのか、不動産会社もお客さまもわからないために、請求し損ねている人もいます。

不動産会社に任せたお客さまに、私が商品の内容や支払い事例などを説明すると、ほとんどの方が、「そんな話は聞いたことがない」と驚かれます。

また、数社の保険を扱える営業マンや店舗で相談すれば、保険会社によって、オプションを自由に取り外しできる会社、できない会社とさまざまです。これにより保険料が大きく変わってきますし、本人の希望や家の用途に合った商品を選ぶことができるのです。

さらに、専門職の保険屋では新しい商品が発売されれば紹介してくれたりと、メンテナンスもしっかりしています。すでに火災保険に加入されている方でも、それで一生涯安心だと思い込まず、電化製品のように次々と発売される新しい保険と比べるなど、一度見直しをされてはいかがでしょうか。

2 自分の家を守る火災保険（建物）

――住宅に関係する保険の基礎知識❶

「火災保険はなんのために加入するのですか？」と聞くと、多くの人が自分の家が燃えたときのため、と答えます。しかし実際には、火災保険は火事以外にも多くの損害に対応しています。

そもそも火災保険は大きく４つ、**「火災（建物）」「家財」「地震火災」「地震家財」**に分かれています。

火災保険（建物）が適用されるとき

まず、基本的な「火災保険（建物）」について説明しましょう。

この保険は、自分で出火してしまった場合に損害金が給付されます。実は、火災の一番の原因はタバコやストーブではなく、放火です。もちろん、放火などにも対応しています。

また、隣の家が火事になったさいの「もらい火」にも火災保険は適用されます。

もし隣の人が火事を出しても、隣の人が自分の家を直してくれるわけではありません。

日本の法律では出火の責任について、故意または重過失がないかぎり、責任を負わないことが明示されています。

そのため、よほどのことがないかぎり、火事の延焼などは自分が加入している火災保険でしか担保されることはありません。

最近は、近隣の家にも見舞金を支払える火災保険もありますが、**基本的に自分の家は自分でかけた火災保険で守る**しかありません。

また、落雷による被害、外部からの物体の落下・飛来、衝突などの被害を受けるケースもあります。近隣の公園からボールが飛んできて窓ガラスが割れたり、鳥が窓に突っ込んで来たり、雹《ひょう》が降ってきて屋根に穴が開いた場合なども想定されます。

最近では特に、ゲリラ豪雨などによって大きな被害をこうむる場合があります。以前、台風の被害で屋根の一部がはがれてしまって困ったとの相談を受けましたが、火災保険の内容を確認したところ、修理費用が給付されたことがありました。

実際に２０１１年の12号台風では２５８億円、15号台風では７５９億円と、大きな損害が出ています。

必要のない「水災」が担保されていることも

火災保険に加入している人の中には、建物が坂の上の高台にあったり、マンションの3階、4階であるにもかかわらず、水災が担保されている場合があります。

水災保険とは、各保険会社によって多少内容が異なりますが、基本的には「保険対象である建物にそれぞれの再調達価額の30％以上の損害が発生した場合、または床上浸水（建物の居住部分の床〈畳敷または板張など。土間、たたきの類を除く〉を超える浸水を言います）、もしくは地盤面より45センチを超える浸水をこうむった場合」となっています。

したがって、自分が住んでいる場所は床上浸水することがないと判断できるのであれば、**水災の特約を外すことで大幅に保険料が安くなる場合も**あります。

保険会社によっては水災特約が外せない場合もあるので、一度確認するとよいでしょう。外すと保険料が半額近くに下がる場合もあるので、チェックすることをお勧めします。

「お風呂や洗濯機の水をあふれさせて、下の階に被害を与えてしまった場合は大丈夫なのか」と、よく聞かれますが、基本的にこれらは「水濡れ」という、水道管や配水管などの給排水設備に発生した事故などをカバーする特約の対象となるので、混同しないようにしてください。

実は自転車事故も火災保険でカバーできる

保険とは事故が起きたさい、自動的に保険金が支払われるわけではありません。ちゃんと申請をしないと、支払われない仕組みになっています。

そのため、申請をしていないケースが多く見られます。パンフレットをよく見ると詳細が書かれており、最近ではイラストで事故の模様を描いてあるものもあります。自分の保険がどこまでカバーしているか、チェックが必要です。

・不測かつ突発的な事故

物を移動させたり、引越しなどで物を運んでどこかにぶつけたり、誤って落としてしまった場合には、これに該当する場合があり、申請してみる価値はあります。ただし、建物と家財に対しては、それぞれ別に加入する必要があるので気をつけてください。

・個人賠償保険

たとえば、最近多い自転車での事故です。こちらが誤ってぶつけてしまった場合は、立派な車の事故となり、現場検証も必要になるかもしれません。相手の打ち所が悪いと、一生涯の問題ともなりかねません。火災保険に個人賠償保険の特約をつければ、こうした事故もカバーされます。

3 生活用品を守る家財保険

――住宅に関係する保険の基礎知識❷

実は、家財保険という名前の保険商品があるわけではありません。自分の住まいにある生活用品一式に対してかける保険のことです。

たとえば自己所有の住宅であれば、火災保険をつける対象となる目的は建物と家財になります（賃貸物件であれば家財のみ）。このとき、家財を目的に付帯する火災保険契約を家財保険などと呼びます。

家財保険が適用されるとき

ちなみに家財というのは、いわゆる生活関連の動産全般です。TVやパソコン、冷蔵庫、洗濯機、AV機器などの家電製品、テーブルやタンス、洋服などです。もっと簡単に言えば、家の外に持ち出せないものは建物、家の外に持ち運びできるものが家財です。

家財保険と呼ぶほうがわかりやすい面もあるため、このような表現が使われますが、実際には単純に、**家財を保険の目的にした火災保険**ということになります。

賃貸物件で自分が建物を所有していない場合、建物の火災保険を契約することはできません。こうしたケースでは、家財が保険の目的になります。持ち家のケースでは、建物と家財のいずれも保険の目的とすることができます。

家財保険の設定金額は？

家財に火災保険を付帯する場合、気になるのが補償額でしょう。家財の金額はどうやって決めるのでしょうか。

正確にやるのであれば、自宅にある家財すべてを確認（金額や個数）して評価します。しかし、自分でそれを行うのは大変ですし、保険会社に確認してもらうのも時間がかかります。

実際には、総務省の家計データなどをもとに、各社が世帯主の年齢や家族構成などから目安になる金額を表にしています。

保険会社によって多少のばらつきはありますが、独身の場合、年齢を問わず３００万円程度、夫婦２人の場合は、30歳で７００万円、40歳で１２００万円程度、さらに子どもが２人いるなら30歳で９００万円、40歳で１４００万円程度となります（いずれも再調達価額）。

単純にこの数字を見て、「うちの家財の金額はもっとある」もしくは「そんなにない」と思ったでしょうが、ピッタリその金額にしなければならないわけではありません。実態に即したかたちでの調整は可能ですから、契約のさいに担当者に相談してみましょう。

また、保険金額は火災保険金額の半分までが最大の保険金額となります。たとえば、建物に2000万円火災保険をかけていれば、家財保険は1000万円が限度となります。

家財保険の加入前に確認したいポイント

各損害保険会社のホームページなどを見ても、家財保険という名称では掲載されていません。各社の火災保険の商品のちがいや保険料のちがいなどを確認してみましょう。

家財保険を検討するときに押さえておきたいポイントがいくつかあります。

・家財補償とは別枠の明記物件

まずは、持ち家・賃貸に共通する事項です。家財とは生活関連（事業用の商品や設備什器などではない）の動産と言いましたが、これに該当しても対象外のものがあります。

それは、1個または1組の価額が30万円超の貴金属、宝石、書画、骨董などの「明記物件」と言われるものです。これらは**家財の補償とは別に、明記物件として別枠で補償をつける必要**があります。

さらに、**明記物件はその金額の根拠資料（たとえば鑑定書など）が必要**になりますので、これが用意できないと保険契約の引き受けが難しくなります。

ただし、各損害保険会社が独自で販売している最新の火災保険では、明記しなくても30万円までは自動的に補償するものもありますので、該当するものがあるなら、契約のさいに確認しておきましょう。

・住宅ローンと関係のない家財

住宅ローンの残債がある人が家財保険を検討する場合、最近は絶対ではなくなってきているようですが、火災保険に質権設定をします。

簡単に言うと、火災などで物件が全焼した場合、支払われる保険金の第一順位を金融機関などにして、融資の返済を優先させるものです。

しかし、住宅ローンの残債が多い場合、保険金のほとんどが残債に充当されるため、ローンがなくなると同時に住む家もなくなります。

再び住まいを購入するか、賃貸にするかはそのときの判断次第ですが、いずれにしてもある程度まとまったお金が必要になります。このとき、**住宅ローンと関係のない家財に火災保険（家財保険）がかけてあると、新しい住まいで家具などを購入する費用を新たに準備せずにすみます。**

保険料の予算をふまえつつ検討する必要がありますが、一考の余地はあります。

4

地震保険に入るべきか?

——住宅に関係する保険の基礎知識③

地震保険は火災保険とセットで

2011年、東日本大震災が甚大な被害を及ぼしましたが、地震保険に加入していなかった方も多くいらしたようです。地震が原因で起こった火事や倒壊などの被害は、火災保険だけでなく地震保険に加入していなければ補償されません。しかも地震保険は単独では加入できず、火災保険とセットで加入するところにポイントがあります。

火災保険の相談でよく尋ねられるのが、「地震保険をどうするか、どう考えるか」ということです。

たとえば南関東から東海地方などは、所在地の区分としての地震保険料は、全国的に高い地域に該当します。これらの地域では、保険料が高い(特に木造)一方で、契約できる金額に限度がある、地震保険を火災保険と分けて加入できない、どこの損害保険会社でも地震保険料は変わらないなど、選択の余地がかぎられている現状があります。

地震災害への万が一の備えとして地震保険をどう活用するか、地震保険で気をつけておきたい点を紹介しておきます。

地震保険の仕組みで気をつけること

地震保険の主な特徴を簡単にまとめると、次のようになります。

- **火災保険とセットで加入（単独での加入不可）**
- **契約できる補償額は火災保険の30～50％**
- **地震保険料は各損害保険会社でちがいはない（国が関与しているため）**
- **保険期間は1年～5年間でそれ以上はない**
- **地震保険金の支払いは「全損」「半損」「一部損」の3段階のみ**

地震保険を検討するさいに最も重要なのは、**被災による損害をすべて地震保険でカバーするものではない**ということです。

通常の火災保険や自動車保険は保険でカバーする（たとえば火災で全焼した家を保険金を利用して建て直す）という仕組みですが、地震保険の場合は、保険を使ってその後の生活再建の足がかりにするのです。

これは地震災害が、保険事故に遭った人を遭わなかった人が助け合う、支え合うという保険の仕組みになじまない面があるためです。

地震で被災しても、地震保険に加入していれば地震保険金で自己負担なしに家を建て直せる、買い直せると考えるのは大きな間違いです。この考え方を理解していないと、地震保険に加入する・しないの判断を誤る場合もあるので、十分に注意してください。

地震保険の加入前に気をつけること

地震保険で補償される金額には、火災保険の保険金額の30～50％の間という限度があります。たとえば火災保険の保険金額が２０００万円なら、地震保険は６００万～１０００万円となります。

このように保険金額は最高でも火災保険の半分で、さらに建物５０００万円、家財１０００万円という上限もあります。いずれにしても地震災害で家が全壊した場合、地震保険では最高でも半分までしか補償されません。

また、地震保険そのものはどこの損害保険会社で加入してもちがいはありません。ただし、地震保険を付帯する火災保険は各社ごとにちがいがあるので、こちらを比較するようにしてください。

火災保険の種類によっては、地震災害関連の補償を拡充できるような仕組みを含む商品も出始めています。

地震で被災したときには

地震保険を受け取るためには、気をつけるべき点があります。

地震災害では多くの人が被災し、保険会社には凄まじい数の保険金請求が殺到します。まずは**落ち着いたら、早めに保険金の請求を手配**するようにしましょう。

また、災害時に適用される雑損控除や災害減免法などの税制上の措置、被災者生活再建支援制度などの資金支援も覚えておきたいところです。

さらに、地震保険の保険金の支払いは、「全損（100％）」「半損（50％）」「一部損（5％）」の3段階しかありません。この点も、火災保険などの保険と比べると大きく異なるところです。

火災保険の場合は原則、契約している金額を上限にして実際の損害額を支払います（実際の物件の評価額より著しく多い、あるいは少ない場合を除く）。

地震保険の場合は、契約している金額が上限なのは同じですが、被災状況から先の3つのカテゴリーに分けられています。

たとえば、AとBが1000万円の地震保険に加入しており、ともに一部損（保険金額の5％支払）と認定されれば、実際の損害額はAとBが同じでなくても保険金は同額の50

万円になります。

このように実際の**損害額に差があっても、加入している金額が同じで一部損と認定されれば、保険金は同じ**になるのです。

これも、同じタイミングで広範囲に多大な被害をもたらす地震災害の特性によるものです。

被害に遭った多くの人に、迅速に保険金を支払うため、このような仕組みになっているわけです。

地震保険の保険金の支払い

	損害の状況		支払われる保険金
	建物	家財	
全損	基礎・柱・屋根・壁などの損害額が **建物の時価の50%**以上 焼失・流失した部分の床面積が **建物の延床面積の70%**以上	家財の損害額が **家財の時価の 80%**以上	**契約金額の100%**（時価が限度）
半損	基礎・柱・屋根・壁などの損害額が **建物の時価の20～50%**未満 焼失・流失した部分の床面積が **建物の延床面積の20～70%**未満	家財の損害額が **家財の時価の 30～80%**未満	**契約金額の50%**（時価の50%が限度）
一部損	基礎・柱・屋根・壁などの損害額が **建物の時価の３～20%**未満 全損・半損に至らない建物が **床上浸水**（または地盤面から45cmを超える浸水）	家財の損害額が **家財の時価の 10～30%**未満	**契約金額の５%**（時価の５%が限度）

5 【フラット35で借りて、団体信用生命保険に加入するかどうか】

団体信用生命保険と民間の生命保険を比較する

団体信用生命保険（団信《だんしん》）とは、ローンを借りている人が死亡などの理由で住宅ローンの支払いが不可能になった場合に、生命保険会社がローン残金を支払ってくれる保険です。多くの民間金融機関は、団体信用生命保険の加入を住宅ローン借入れの条件としていますが、フラット35では団体信用生命保険への加入が任意となっています。

そこでフラット35で借入れるさい、民間の生命保険で万が一に備える場合とフラット35で団体信用生命保険に加入する場合の支払額をシミュレーションして、何社か比較してみることをお勧めします。実際、選択方法により支払総額は大きく変わります。

民間の生命保険のメリット

フラット35の団体信用生命保険と民間の生命保険を比較すると、生命保険にはいくつかメリットがあります。以下にそれを紹介します。

・生命保険料控除を受けることができる

フラット35の団体信用生命保険は正確には特約料という扱いであり、生命保険の範疇《はんちゅう》には入りません。したがって、フラット35の団信は生命保険料控除の対象外となります。一方、民間の生命保険なら、もちろん生命保険料控除を受けることができます。

・当初の大きな負担額を大幅に軽減できる

フラット35の団体信用生命保険の場合、支払額は徐々に逓減《ていげん》していきますが、当初はローン残高が多いため相当な負担となります。ところが民間の生命保険なら、毎年の保険料は一定で、増えることはありません。

・繰り上げ返済時の無駄がない

ローンを繰り上げ返済した場合、フラット35の団信では年払いとなっているため、すでに払い込んだ保険料は返金されません。ところが、民間の生命保険なら期間調整が容易にできて無駄な支払いがありません。

・生命保険なら値上がりリスクはない

フラット35の団体信用生命保険は過去に値上がりした実績もあり、途中で保険料が上がるというリスクがあります。しかし、民間の生命保険なら途中で値上がりするリスクはありません。

・支払い免除などのさまざまな特約

団体信用生命保険には三大疾病（がん、急性心筋梗塞、脳卒中）になったらローンの支払をしなくてよい特約があったり、現在では七大疾病や九大疾病に関する特約など、いろいろありますが、内容をよく確認してください。

約款を見ると「就業障害となり、その就業障害期間の途中で、その疾病を理由としてやむを得ず会社を退職した場合で、かつ医師が認定する就業障害期間については、保険金お支払いの対象となります」というように、かなり重度な状態でないと適用されない場合が多いようです。

次ページで、団体信用生命保険と民間生命保険を比較する図と、シミュレーションの例を紹介します。

ご自身の場合に当てはめて考え、何社かシミュレーションしてみることをお勧めします。

団体信用保険と民間生命保険の比較

	団体信用生命保険(団信)	民間の生命保険
支払方法	年払い	年払い・半年払い・月払い
中途解約	保険料は戻らない	月払いの場合、保険料を払う必要はなくなる
中途加入	不可	可
生命保険料控除	対象外	対象
保険料	毎年減っていく	一定
保険料改定	引き上げたことあり	一定

シミュレーションの設定条件

- 団体信用保険：35年フラット、年利2.5%固定、33歳時に借入
- S・J・H生命保険　逓減払型収入保障保険
- 保険期間68歳、年金月額12万円（一括受取可）
- 非喫煙健康体料率の場合

比較項目	年齢	団体信用保険 年払い保険料	保険金額	S・J・H生命 年払い保険料	一括受取 保険金額 (万円)
現保険料	34歳	125,200円	残り債務分	56,784円	3,677
6年後	40歳	114,800円	残り債務分	53,916円	3,182
11年後	45歳	101,800円	残り債務分	51,048円	2,727
16年後	50歳	86,700円	残り債務分	48,180円	2,228
21年後	55歳	69,100円	残り債務分	45,312円	1,681
26年後	60歳	48,700円	残り債務分	42,444円	1,081
31年後	65歳	24,900円	残り債務分	28,104円	424
35年間の保険料合計		**2,609,000円**		**1,586,496円**	
保険金額の設定	―	残り債務分	―	自由に設定可能 途中減額可能	―
契約年齢による保険料	―	×	―	○	―
禁煙有無による割引	―	×	―	○	―
健康体割引	―	×	―	○	―

2,609,000円－1,586,496円＝**差額1,022,504円**

6 【ファイナンシャルプランナーからローン・保険のアドバイスをもらう】

FPの資格を持っている人は10万人を超えている

ファイナンシャルプランナー（FP）とは、それぞれの人のライフデザインをヒヤリングして、それを実現するために経済的ソリューション（解決法）を提案する仕事です。

ファイナンシャルプランナーの資格を持っている人は、ほとんどがどこかの銀行、信託銀行、郵便局、証券会社、生命保険会社、損害保険会社等の金融機関や、不動産仲介・分譲会社に勤務しています。

そもそもファイナンシャルプランナーは、「中立な立場」をうたっているのですが、会社に専属で属している社員が営業活動を行う場合は、どうしてもその会社の商品を販売することになります。

そのため、いくら国家資格として名刺に肩書きが入っていたとしても、立場上、自社商品への偏りが出てしまい、中立を保つのは困難であると考えられます。

不動産業者が火災保険の手続きをしていたり、銀行で団体信用生命保険の手続きをしているのを聞くと、注意点や使い方などについて詳しく説明していないことも多いようです。また、展示場にいる専属の保険屋さんが、ファイナンシャルプランナーという肩書で「無料診断ですよ。中立です」と言っている場面もみかけますが、それは住宅でなく、保険契約の手続きをするのが目的になっていたりします。

こうした現状を踏まえた上で、最終的に満足のいくコンサルティングを受けられるようにしていただきたいと思います。

より中立に近いファイナンシャルプランナーを見つけたいのならば、独立系（金融機関に属さない）ファイナンシャルプランナーをお勧めします。また、独立系FPであれば、一社専属でローンや保険商品を扱わなくてはいけないシバリはないので、幅広く複数社にわたって金融商品を紹介してくれることが多く、何社も比較もできるので、自分に合ったより効果的な商品を選択できるでしょう。

FPと打ち合わせをする内容は

ファイナンシャルプランナーと打ち合わせる内容としては、まずは、本人がどのような人生を送りたいのか、家族の構成、現在の職業状況、現在の収入状況と将来の予測、家計簿・預貯金状況、お子様の進学・車両購入計画、退職金時期、退職後の生活・年金の加入状況など、さまざまな角度からヒヤリングしていきます。

最近ではインターネットでも多くの情報を得ることができ、自分でライフプランを立てることも可能です。

しかし、情報が多すぎてかえって決めることができなかったり、理想と自分の現状の差が理解できていなかったりすることもあります。自分ひとりで決めようとすると、どうしても都合がよいように解釈しがちになってしまいます。特に住宅購入では、土地、建物、税金、相続・贈与など、人生で初めてぶつかる問題に悩むことでしょう。

だからこそ、第三者から見た現状を指摘してもらうことは非常に重要になります。自分の価値観に合う、また生涯付き合えると感じるファイナンシャルプランナーを探すことで、住宅ローンや保険をかしこく効果的に活用できるでしょう。

実際にファイナンシャルプランナーが不動産などの手続きをすることは法的に禁じられていますので、そのさいにはファイナンシャルプランナーと即座に連携がとれる不動産会社などを探すことでベストなソリューションを受けられます。

また、銀行や不動産会社で相談したことについて、独立系のファイナンシャルプランナーをセカンドオピニオンのように活用する方法もあります。大きな買い物だからこそ、第三者の手助けをうまく利用してください。

おわりに

最後まで読んでいただだいてありがとうございます。

「はじめに」で申しあげたとおり、本書では、より安く、安全性と快適さを兼ね備えた「家」を買うポイントをご紹介しました。

私たち3人がこの本を書きたかった理由をひと言で言えば、「ひとりでも多くの人に幸せな住まいを持ってほしい」という思いからです。それには、単に物理的な家ではなく、それを手に入れるプロセスやその後の生活といったことも含まれています。

単に3人の専門家が寄り集まって書いたのではなく、本当に「幸せな住まい」を手に入れてほしいという3人の思いを伝えたいのがこの本です。

私たち3人は、専門家が集まって新しいビジネスのあり方を考えるミーティングを通して、4年余りの時間を共有してきました。

その中で、不動産を専門とする高橋正典さん、保険やファイナンシャルを専門とする後藤浩之さん、建築設計者の私を含めた3人の知識を総合することで、新築ではなく、あえて中古住宅をリノベーションすることの意義を伝えられると強く思うようになりました。

その理由や具体的な方法は本書でご紹介したとおりです。


「家を買う」ことは人生の一大イベントです。価格もリスクも少しでも下げ、買ってから後悔しない家を手に入れたいものです。

本書をここまでお読みくださった方は、不動産・建築・お金のそれぞれのプロの視点を取り入れることで、安心・安全・安価な中古住宅を購入するコツがつかめたことと思います。


本書が、幸せな住まいを手に入れるためのお役に立てば望外の喜びです。

なお、私たちは「東京 - Ｈ不動産（Happy&Human&Harmonic&Hope）」（http://tokyo-h.jp/）という不動産紹介サイトを立ちあげています。

本書でお話ししてきたコンセプトにそった物件を紹介し、本書の内容をより具体的にお伝えしたいと考えています。

ひとりでも多くの方がよい家を手に入れることを願っています。

２０１２年４月

著者を代表して　富田和嗣

高橋正典（たかはし　まさのり）

不動産コンサルタント、株式会社バイヤーズスタイル代表取締役、スタイルFPオフィス代表。住宅再生推進機構理事として、国土交通省長期優良住宅先導事業より採択された「住宅履歴情報」普及活動における講演やマスコミ掲載多数。著書に『マイホームは、中古の戸建てを買いなさい!』（ダイヤモンド社）など。

富田和嗣（とみた　かずし）

一級建築士、ホームインスペクター、有限会社アルファ設計事務所代表取締役。敷地の形状・大小、予算の多寡にかかわらず、知性・感性・熱意のあるクライアントと、フェアに付き合いながらよい建物を建てていくというのがモットー。扱う建築は、一般住宅、共同住宅からオフィスビル、福祉施設まで幅広い。

後藤浩之（ごとう　ひろし）

独立系ファイナンシャルプランナー。株式会社ライフアドバンテージ代表取締役。2011年にIFA（独立系ファイナンシャルアドバイザー）として、株式会社ライフアドバンテージを設立。行動心理学を取り入れた独自のファイナンシャルプランを法人・個人に提供している。

不動産《ふどうさん》・建築《けんちく》・お金《かね》のプロが教《おし》える

中古住宅《ちゅうこじゅうたく》の本当《ほんとう》にかしこい買《か》い方《かた》

2012年6月1日　初版発行

著　者　高橋正典 ©M.Takahashi 2012
　　　　富田和嗣 ©K.Tomita 2012
　　　　後藤浩之 ©H.Goto 2012

発行者　杉本淳一

発行所　株式会社 日本実業出版社　東京都文京区本郷3－2－12 〒113-0033
　　　　　　　　　　　　　　　　大阪市北区西天満6－8－1 〒530-0047

編集部　☎03－3814－5651
営業部　☎03－3814－5161　振　替　00170－1－25349
http://www.njg.co.jp/

印刷／厚徳社　製本／共栄社

この本の内容についてのお問合せは、書面かFAX（03－3818－2723）にてお願い致します。
落丁・乱丁本は、送料小社負担にて、お取り替え致します。

ISBN 978-4-534-04955-1　Printed in JAPAN